〈教師の人生〉と向き合う
ジェンダー教育実践

寺町晋哉【著】

晃洋書房

はじめに

幼稚園から高校までの持ち物や学校の様子を思い出して欲しい。おそらく指定された制服は男女で分けられていたのではないだろうか？　他の指定されたものはどうだろう？　それでは、教室での席配置や整列は男女で分けられていただろうか？　出席名簿や靴箱、持ち物を入れるロッカーは？　委員会や係などの活動は男女で人数が決まっていた？　体育の授業は男女別に行われていた？　いい加減飽きてきたかもしれないが、あと少しだけお付き合い頂きたい。教師から名前を呼ばれる際、男子は「くん」で、女子は「さん」だった？　あるいは、教師から「女子（男子）こっち来てー」、「女子（男子）だから〜しなさい」と声をかけられたり、テストの平均点を男女で比べられたことは？　ひょっとすると、ほとんど該当する人がいるかもしれない。

こうしてみると、学校は「ありとあらゆる」と言っても過言ではないほど、非常に多くの「もの・こと」を性別で分けている。確かに、「性別を分ける」ことはただの「区別」のように思われるかもしれない。しかし、ただ「性別を分ける」だけでなく、分けたものを特定の事象と結びつける社会に私たちは生きている。例えば、「男の子なのにメソメソしない」、「男は仕事／女は家庭」、「男子は理系／女子は文系」、「女子は4年制大学へ進学しなくてよい」など、枚挙にいとまがない。なぜ「性別」と特定の事象が結び付けられるのだろう。

それを紐解く鍵となるのが、「ジェンダーgender」という概念である。ジェンダーは論者によって定義が異なるが、本書では次の定義を用いる。「私たちは、さまざまな実践を通して、人間を女か男か（または、そのどちらでもないか）に〈分類〉している。ジェンダーとは、そうした〈分類〉する実践を支える社会的なルール（規範）のことである」（加藤 2017: 7（ ）は原文ママ）。ジェンダーの説明でよく登場する「男は仕事／女は家庭」という性別役割分業や、「男性は男らしくあるべきだ」といった規範、「女性は気配りができる」、「男性は力強い」といったステレオタイプもジェンダーによって生み出されている。

ジェンダーはそれ自体に「良い／悪い」といった意味は含まれておらず、社会における実態や事象を分析するための概念である。しかし、このジェンダーを用いて社会を分析していくと、そこには序列や差別、排除などの姿が浮かび上がってくる。例えば、毎年公表される「ジェンダー・ギャップ指数」において日本は諸外国と比較してジェンダー不平等であることが報道されている。また、男女共同参画白書で公表されるデータでも、男性一般労働者の給料水準を１００とした場合の女性一般労働者の給与水準は約75であり、男性の非正規雇用が社会問題化される前から女性非正規雇用者の割合はここ20年ほど50％前後を推移しており、社会の方針を決める立場に位置しやすい「指導的地位」に占める女性の割合はほとんどの分野で約１～2割となっている（内閣府 2020）。

もちろん、大半の男性よりも社会経済的に恵まれた女性は存在しているし、ある文脈をとりあげれば女性がリーダーシップを発揮していることもあるだろう。しかし、「ある特定の瞬間／男女関係／集団／組織において女性優位のジェンダー秩序が形成されながらも、全体社会レベルでは比較的頑強な男性優位のジェンダー秩序が維持されている」（多賀 2016: 194）のが、現代におけるジェンダーと社会全体との関係なのである。多賀（2016）は現代日本社会のジェンダー現象をよりリアルに描き出すために、「ジェンダー関係の多元性と多層性」という視座が必要であると主張する。

全体社会のジェンダー秩序を、多層から成る下位体系群としての諸ジェンダー体制（例：さまざまなタイプの家族、さまざまなタイプの学校、さまざまなタイプの職場など）が集積した上位体系ととらえる。そこでは、上位体系と特定の下位体系の間で不整合があったり（例：一般的に男性が女性に対して支配的な社会の内部に、妻が夫に対して支配的な夫婦が存在する）、同一水準の下位体系同士の間で一定の不整合があったりする（例：うちの夫婦は夫が妻に対して支配的であるが、隣の夫婦はきわめて対等な関係である）こともある。それにもかかわらず、上位体系は辛うじて安定を保っている（例：一般的に男性が女性に対して支配的な体制が持続している）。そうした体系間の不整合は、長期的には上位体系の変動の原因でありまた結果でもある。（多賀 2016: 194（ ）は原文ママ）

多賀の整理を踏まえるならば、図1のようになる。

やや遠回りをしたが、ここで学校教育の話に戻そう。冒頭で触れたように、男子であろうが泣きたくなることもあるし、人文学部へ進学したい男子もいるだろうし、大学院へ進学したい女子もいるだろう。個人の選択は自由であるし、尊重されなければならないはずなのに、「性別」が個人の可能性を阻害している。それればかりでなく、「女性／男性」という理由だけで不利益を被り、教育における様々な格差が生じてもいる。第1章で詳しく紹介するが、実はジェンダーをめぐる教育課題は現在の学校にも歴然と存在しており、学校は社会に存在するジェンダー秩序を再生産する装置となっている。

その学校教育において、教師が重要な存在であることは疑いないだろう。授業、給食、休み時間、放課後、部活動など、子どもたちが学校で過ごす大半は教師との関わりで占められている。そのため、従来の「ジェンダーと教育」研究は教師の存在を重視し、一方で、ジェンダーをめぐる教育課題を「再生産する

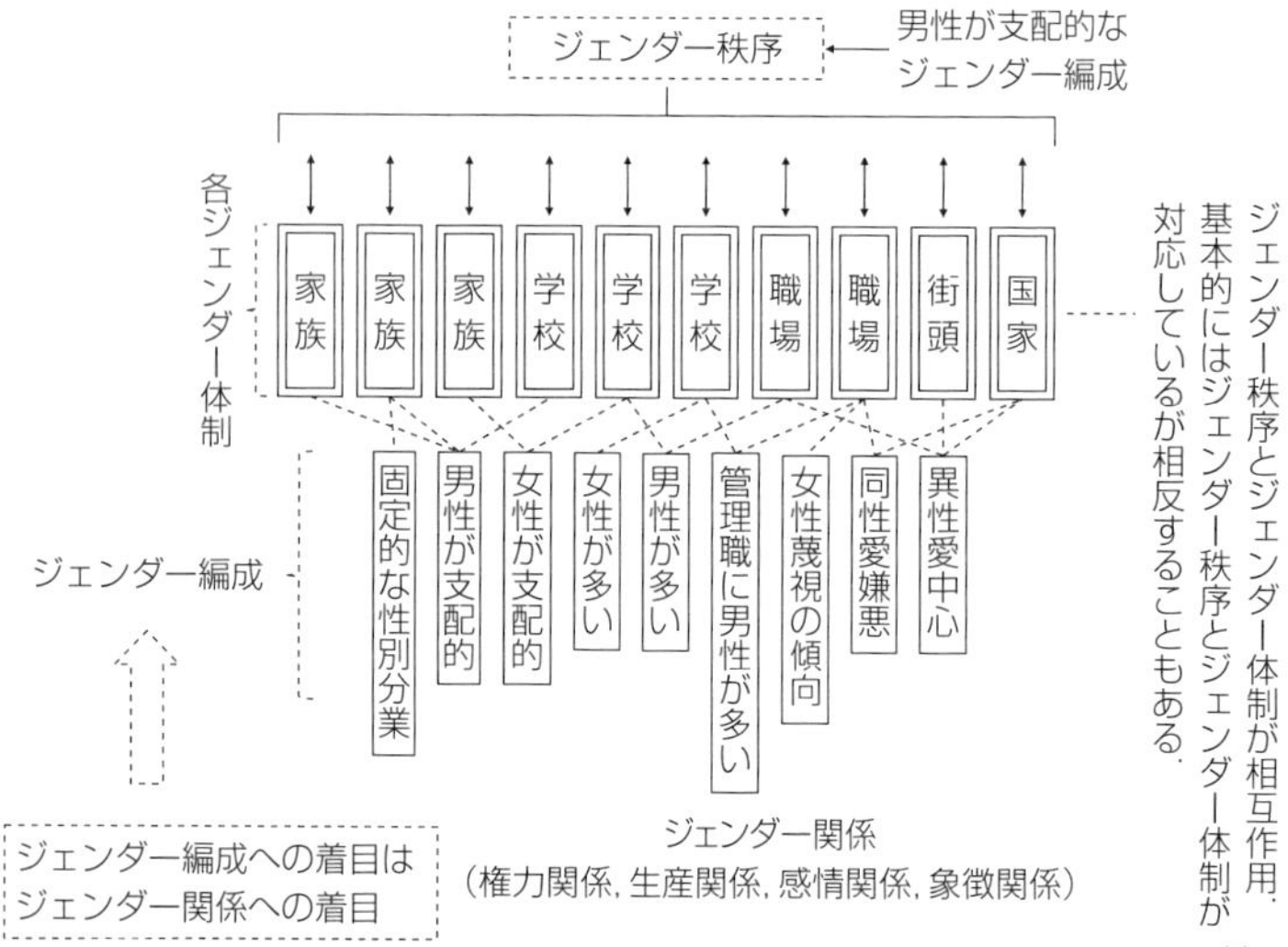

図１　ジェンダー秩序，ジェンダー体制，ジェンダー編成の関係図式[(1)]

担い手」として批判し、他方で、ジェンダー公正な社会を実現するための「変革の担い手」の役割を求めていた。特に、教師が「変革の担い手」になることは、「ジェンダーと教育」研究が掲げる一つの到達目標と言ってもいいだろう。もちろん、このことに異論はない。子どもたちの「性別」によって教育における平等が左右されることは是正すべきことであり、教育関係者はジェンダー公正へ向けた取り組みを積極的に行っていく必要がある。このことは、何も教師だけが取り組むべき課題ではなく、政府や文部科学省、地方自治体、教育委員会等によって、制度的・行政的・組織的に取り組むべきものでもある。その中でも、実際の学校現場において児童生徒へ最も直接的な影響を与える教師の存在は、やはり重要だろう。

ところが、教師へ「変革の担い手」の役割を求める中で忘れられてきたことがある。それは「教師も一人の人間であり、その人の人生がある」ということだ。ジェンダーに限らず、数多くの教育課題に対して教師が重要な役割を与えられてきたのは、それだけ期待されているからだろう。その反面、期待が大きいからこそ「教師の役割」が強調され、教師である前に「一人の人間」であることが看過されてきた。

Goodson（2001）は教師を研究する際、「交換可能性」と「不変性」という二つの特徴があることを指摘している。前者は教師個々のライフスタイルや個人史に注意が払われておらず、後者は歴史的過程を無視することである。つまり、時代や教師がどうだろうと全てのことが同じように起こるという前提を意味している。このことは、従来の「ジェンダーと教育」研究にも言える。しかし、教師が教職へ就くまでの何十年間、個人としてジェンダーを含む様々な経験を重ねることが、彼／彼女らの教育実践に対して多大な影響を及ぼすことは無視できるものではない。それゆえに、教師の声に耳を傾け、教師個人の経験を念頭に置く必要がある。

そこで本書は、個人として様々な経験を重ねた一人の人間であるという意味を包含した教師を指す場合には〈教師〉と表記する[2]。改めて言うまでもないが、本書も従来の「ジェンダーと教育」研究同様に、教師へ「変革の担い手」の役割を求める立場をとる。ただし、教師が〈教師〉だからこそ、そうした役割と葛藤したり、ジェンダーをめぐる教育課題を変革する実践（ジェンダー教育実践）との関係が困難であることを丁寧に紐解いていく。そのことを通じて、本書はジェンダーをめぐる教育課題を変革する仲間を増やしていくことを目指したい。

最後に本書の構成を示そう。第1章では、従来の「ジェンダーと教育」研究の知見をもとに、学校教育にいかなるジェンダーの教育課題が存在するのかを整理する。第2章では、「そもそもジェンダーの教育課題が存在することを教師たちは学習するのか」について、教職課程に着目してジェンダーの学習機会を明らかにする。第3章では、別の教育課題へ対応することで、結果的にジェンダーをめぐる教育課題を再生産してしまう様子を小学校6年生の「女子のトラブル」を事例に描きだす。第4章では、〈教師〉であるがゆえに「変革の担い手」役割と葛藤してしまうこと、またジェンダー教育実践を通じて自らのジェンダー観へ自省的になることを、ある中学校教師のインタビューから明らかにする。第5章では、ジェンダー教育実践だからこそ〈教師〉集団で取り組むことが難しいことを、小中高の教師たちへのインタビューから明らかにする。第6章では、小学校教師たちと筆者が協力した初めてのジェンダー教育実践の授業作りから、学校現場と研究者の関係について考察する。以上の章をふまえ、第7章では〈教師〉であることをふまえたジェンダー教育実践に必要なことを提示する。

読者の方々には無理に順を追って読まず、自分の関心に沿って読み進めることをお願いしたい。もし小学校の実践に興味があれば第6章から読んで頂いても構わないし、ジェンダーに関する勉強で葛藤した経験をもつ人はまず第4章から読み進めて欲しい。章によっては学術動向や学術理論も登場するが、その辺りを読み飛ばして事例だけを読んで頂いても全く問題ない。本書をきっかけにジェンダーをめぐる教育課題や学校現場で奮闘する〈教師〉たちに関心をもっていただければ幸いである。

注

（1）Connell（2002=2008）は、前著（Connell 1987＝1993）から理論を進展させ、ジェンダー秩序（gender order）を社会のより広い範囲おけるジェンダー編成（gender arrangement）のパターンとし、諸制度や諸組織のジェンダー編成のパターンであるジェンダー体制（gender regime）と概念的に区別している。ジェンダー体制（家族、国家、職場、街頭、学校など）は一般的にはジェンダー秩序に対応しているが、それに反している場合もあるという。ジェンダー編成とは、どのような仕事に誰が就いているか（小学校では女性教師が多く、中高校では男性教師が多い）、どのような社会区分が認められるか（男女別学、運動場を性別で分ける）、感情関係がどのように構築されるか（同性愛嫌悪や女性への蔑視）、組織が他の組織とどのように関連しているか（家族と職場）、といった点に見られる。ジェンダー秩序であれ、ジェンダー体制であれ、一連のジェンダー編成に着目することは、ジェンダー関係（gender relation）に着目していることになる。ジェンダー関係には、「権力関係」、「生産関係」、「感情関係」、「象徴関係」という四つの構造が存在し、それらが常に混ざり合い、相互作用しながら、私たちの実践を規定しつつ、私たちの実践によって規定される（Connell 2002＝2008: 92–117）。

（2）　抽象的な文脈や役割に関することを示す場合の表記は、教師のままとする。教師の役割や教職観は普遍的なものではなく地域や時代に応じて変化するが、〈教師〉のあり方もそうしたものから独立して存在するわけではない。そのため〈教師〉と教師は異なるものではない。

目　次

第6章　〈教師〉たちと研究者の授業作り

第1章 ジェンダーをめぐる教育課題と〈教師〉

第1節 ジェンダーをめぐる教育課題は何か？

現在の学校教育は、「女／男だから」といって教育機会に制限が設けられているわけではないし、同一の教育内容を学び、（近年、医学部入試で不正があったとはいえ）基本的には同一の内容・基準のもとで入試などの選抜試験が行われている。つまり、学校教育は一見すると「男女平等」の原則が貫かれているように見える。[1] しかし、学校教育には男女平等主義と性差別主義（セクシズム）の二つの矛盾する原理が共存しており（木村 1999: 6）、学校は社会に存在するジェンダーを再生産する装置なのだ。

そもそも学校に存在するジェンダーをめぐる教育課題とは、どのようなものだろうか。本節では主に教育社会学を中心とした研究から、ジェンダーをめぐる教育課題を整理していく。まずは教育達成について見ていこう。

第1項 大学進学や専攻分野におけるジェンダー

図1-1を見ると、大学（短期大学含む）への進学率は、現在では男女でほぼ同じ程度になっている。[2] た

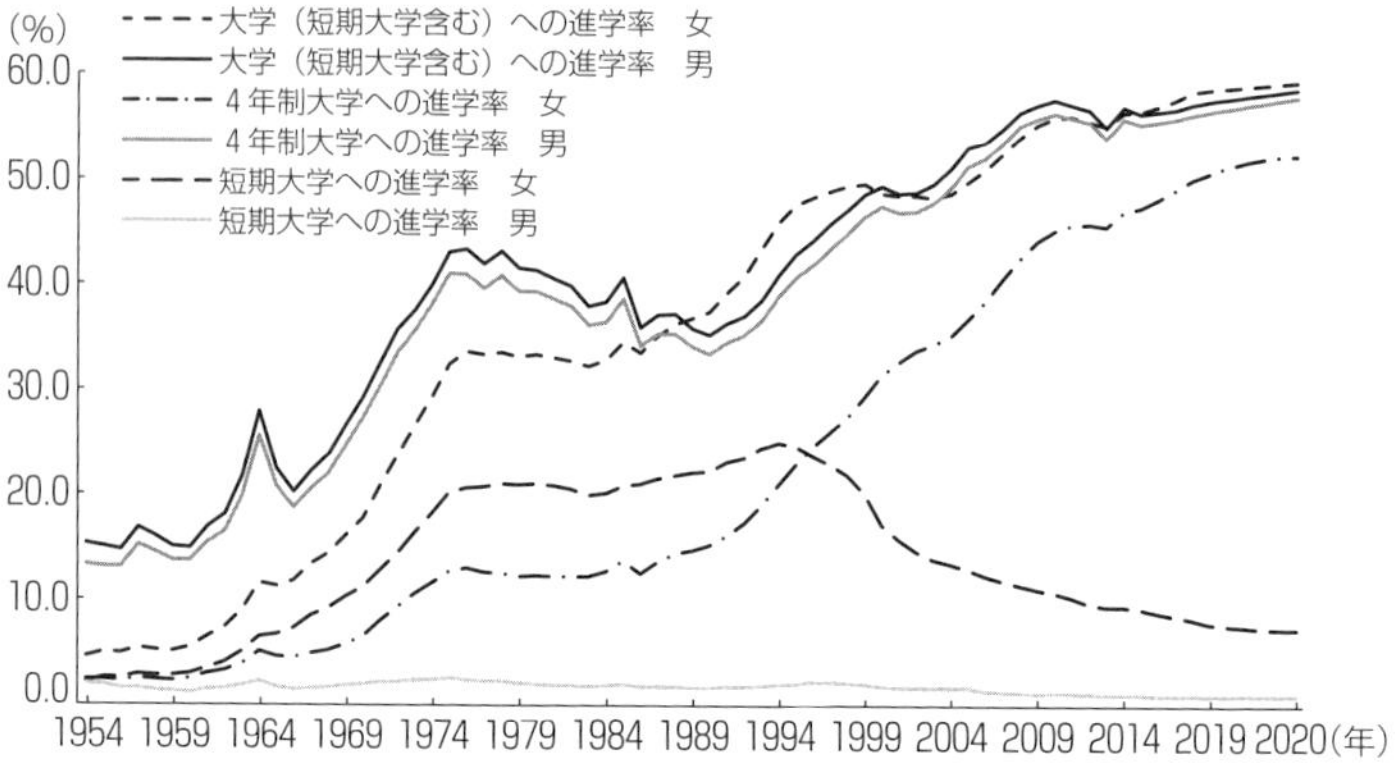

図１－１　大学進学率の男女別推移

（出典）学校基本調査より作成.

だし、短期大学への進学を除いた4年制大学への進学率は、その差が縮小しているものの男子が常に高い状態を維持している[3]。どうしてこのような現象が起こるのだろうか。まずは生徒たちの進学希望をみていこう。

女子生徒は高校生活を通じて、学業成績と大学進学意欲の両方の水準を引き下げられるメカニズムが従来から指摘されているが（天野 1988）、白川（2011）によると、近年、学力上位高校では4年大進学意欲の性差はみられなくなっている一方で、学力上位高校以外の女子生徒は短大へと方向づけられている。また、小・中学校で調査を行った垂見（2017）は、学力調査は男子よりも女子が高いのに対して、教育達成意欲（4年制大学へ進学したいか）は小4で女子が高く、小6で性差がみられず、中3で男子が高くなるという逆転現象が起きていること指摘している。これは女子たちが自ら教育達成意欲を低下させているだけではなく、親の期待もジェンダー化されている。

垂水（2017）によると、子が女子よりも男子の方が親の教育期待は、小4で平均0・34年、小6で平均0・29年、中3で平均0・32年高くなる。平均で見るとわずかな差に思えるが、女子というだけで男子よりも教育期待が低くなる現実が存在している。しかも、垂水が用いた学力調査では女子の方が得点は高い。女子の大学進学や教育達成には教育期待の性差だけでなく、地域間格差も存在する。子どもに対する母親の4年制大学への学歴期待は、男子が大都市層75・0％、地方都市層73・5％とほぼ変わらないのに対して、女子が大都市層52・6％、地方都市45・4％である。男女間でも明確な学歴期待の差が見られ、それに加えて女子は大都市―地方都市間でも差が見られる（石川 2009）。また、教育期待とは別に、女子の大学進学にはハードルが存在する。それが親の「女子を家から出したくない」という意識である。例えば、「うん、（長男だけでなく次男）も出したほうがいいのかなっていうのもあるし。ちょっと娘は置いときたいかなっていうのもあるし」といった語りが地方都市では複数見られたという（石川 2009: 125）[4]。周囲の教育期待は子どもたち本人の意欲や学力にも影響を及ぼすことを考えると、教育達成はジェンダーの影響を受けていると言えよう[5]。

大学への進学だけでなく、専攻分野の選択もジェンダーの影響を受けている。図1-2は大学の関係学科別の男女比を表しているが、学科ごとに性別の偏りがみられる。なぜこのような偏りがみられるのだろうか。

大学の学科を選択する際、日本では高校段階の「文理」選択が重要になるが、「文（理）系」の学力や意欲はその選択に影響を与える[6]。伊佐・知念（2014）によると、小中ともに国語の学力や意欲は女子が一貫して高く、算数・数学は小学校で学力や意欲に性差はみられないものの、中学校では学力も意欲も女子は男子を下回るようになる。なぜ女子の意欲が低下するのだろうか。

少し古いが女子中学生の理科離れに関する研究がある。河野（2004）は理科離れの背景として語られることの多い自然・生活体験が、女子よりも男子の方が豊富に経験する傾向にあると指摘している。また、

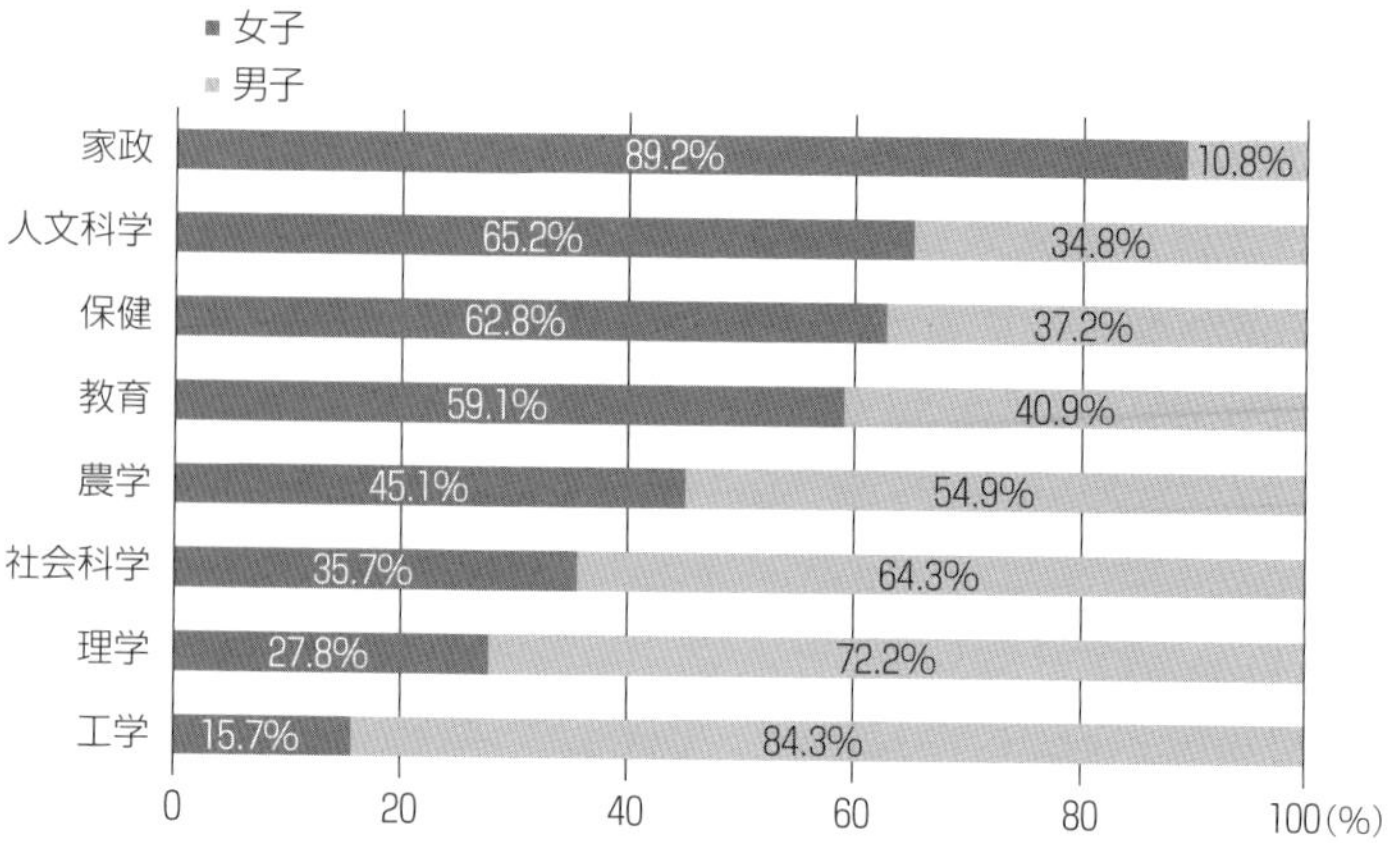

図１－２　大学の関係学科別の性別化

（出典）2020年度学校基本調査より作成.

中澤（2004）によると、好きな理科教師がいる割合は男子よりも女子の方が高い一方、教師から「理科でいい成績を取れると期待」されていると感じているのは男子の方が高い。もちろん、教師からの期待をどう感じるかは生徒たちの主観であり、理科教師の期待に性差があったかどうかは定かではない。ただし、「理数系の教科は男子の方が能力が高い」と思っている小中学校教師が約23％にのぼる調査もあり（国立女性教育会館 2018）、無意識のうちに教師の期待がジェンダー化されている可能性はある。そうしたジェンダー化された教師の期待は、生徒たちの学習意欲へ影響を及ぼす。森永・他（2017）は、数学の試験で良い点をとった女子に対して、教師が「女の子なのにすごいね」と褒めると、「すごいね」だけの時よりも女子中高生の数学意欲が低くなる傾向にあり、一度だけの発言でも影響を及ぼすことを明らかにした(7)。

高校以降はどうであろうか。PISA調査（高1）はこれまで全7回実施されているが、「数学的リテラシー」で4回、「科学リテラシー」で2回、女子よりも男子の平均点が高かった。また、男女差が大きいわけではない。つまり、「常に男子の方が理数系科目の学力に秀でている」わけではなく、国によっては女子の平均点が高い場合もある。[8] 理数系科目の学力に普遍的な性差がみられないにもかかわらず、自己評価は性差がみられる。古田（2016）によれば、ＰＩＳＡ調査の結果から得点が同等レベルの男女を比較した場合、女子生徒たちは理数系科目において自身の学力に見合わない低い自己評価を下す傾向にある。

以上のように、本人の意欲、学校外の経験、教師の期待など、「女子」というだけで理数系科目から遠ざけられる傾向が強くなる。また、高校入学後も「文系・理系」コースを履修するため、コース変更が難しくなる履修制度、周囲の働きかけが女子を文系へ、男子を理系へ水路づける（河野 2009）[9]。

第2項　「隠れたカリキュラム」で学ぶジェンダー

前項では、マクロなデータから学力や大学進学、学習意欲などに存在するジェンダーをみてきた。続いて、学校で過ごす中で知らずにジェンダーを学んでしまうことを、カリキュラムに着目して明らかにしたい。

戦後の教育改革によって男女共学・男女平等が原則となり、一見すると教育制度やカリキュラムは戦後から現在まで男女平等のように思える。ところが、１９８５年に日本政府が「女子差別撤廃条約」を批准したことを受けた１９８９年学習指導要領改訂まで、中学生は「男子が技術、女子は家庭」、高校生は女子のみ家庭科が必修（男子は体育）となっていた。男子が家庭科を履修するようになって30年ほどしか経っていないのである。また、現在でも保健体育が男女別に運用され、図1-3のように高校時代に経験したスポーツが男女で異なっている（宮本・他 2016）[10]。

このように、特定の教科やスポーツが特定の「性別」へと結びつけられることで、「家庭科は女子が習

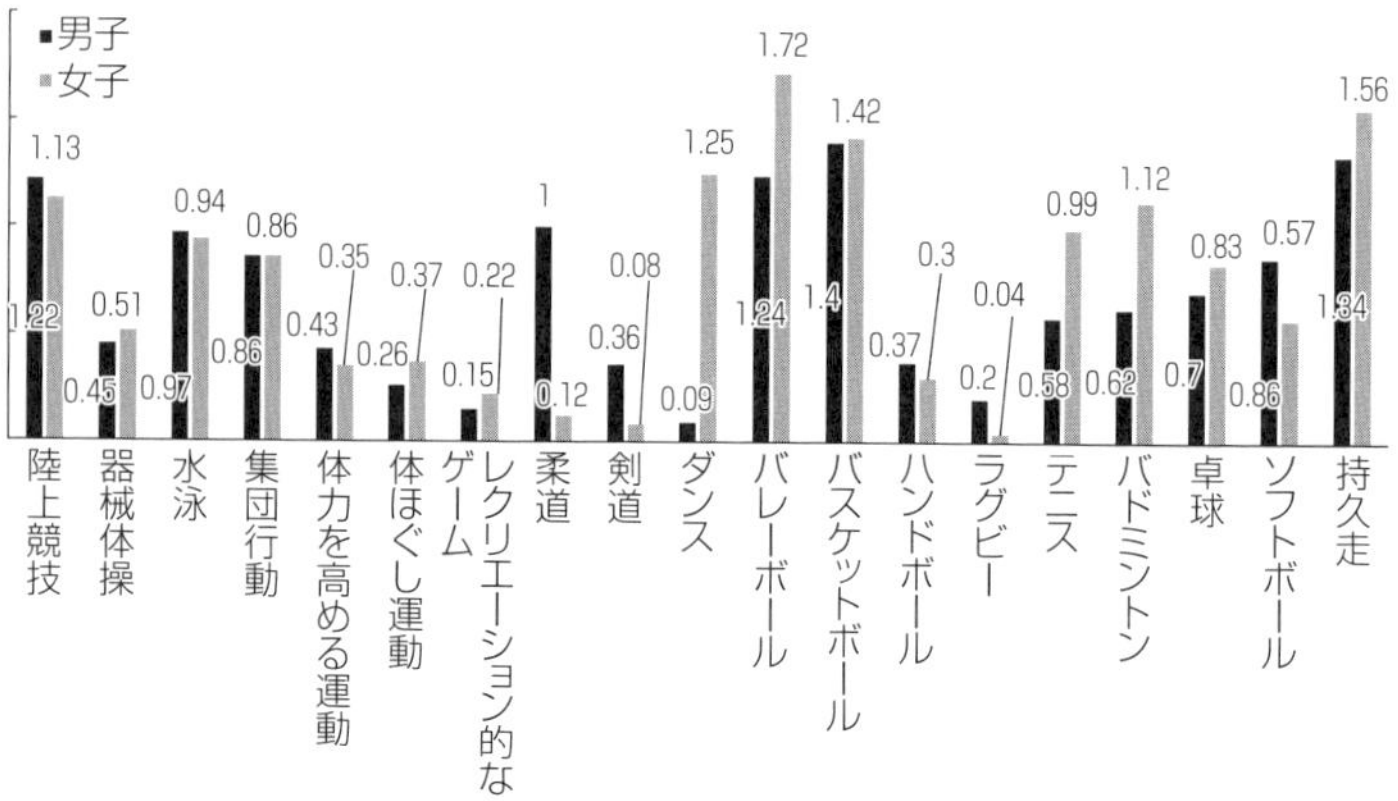

図１－３　高校時に経験した授業の単元数

（出典）宮本・他（2016：89）より引用.

うもので、将来家事を担当するのも女性」、「武道は男性」といったメッセージを知らず知らずのうちに受けとってしまうのである。私たちは、学習指導要領によって体系的に定められ明文化された公的な教育知識だけでなく、この家庭科や体育のように、教育知識以外の行動や慣習、価値観などを知らず知らずのうちに学んでいる。これを「隠れたカリキュラム」と呼ぶ。[11] この隠れたカリキュラムを通して、教育制度や学校組織、教師や学科の性別構成、教科書に存在するジェンダーを私たちは数多く学んでいる。

「はじめに」の冒頭で触れたように、学校は非常に多くの「もの・こと」を性別で区分しているが、それら一つ一つは些細なことのように思えるし、特段気に留めなければ見過ごすかもしれず、これらが自動的に性差別的なものであるとは言えない。しかし、子どもたちはそうした些細なことを隠れたカリキュラムとして学び続けるのである。例えば、男女別名簿を用いることで「男女は分けられる」ことを学ぶ。また、男女別名簿は一般的に「男子が先・女子が後」であることが多く、その名簿にしたがって行事の整列を行い続けていると、女子たちは常に「男子を待つこと」

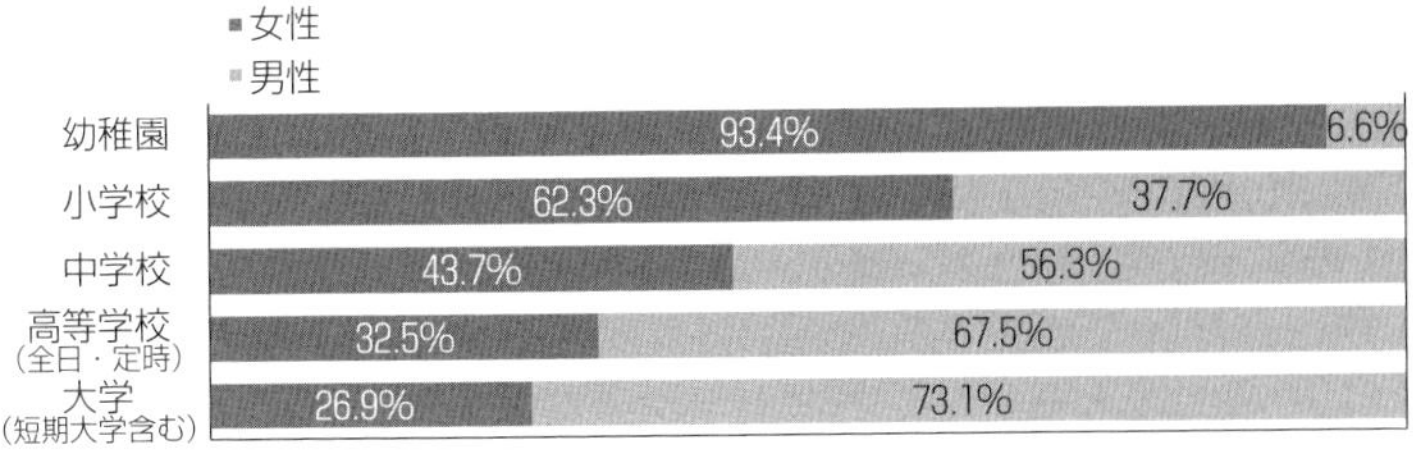

図1－4　学校段階における教員構成の性別比

（出典）2020年度学校基本調査より作成.

（男子たちは「自分たちが優先されること」）を気づかぬうちに学ぶ。こうして、「男女は異なる」から「異なる扱いをうける」ことが「自然である」というメッセージを児童生徒は学んでいく。

続いて、教科書に含まれるメッセージにもジェンダーが存在している。小学校の国語教科書を分析した木村松子（2014）によると、女性については「かわいい」や「美しい」といった容姿の紹介が少なくなく、男女も対比的な表現で描かれていることが多いという[12]。また、長野・姫岡編（2011）は教科書やマンガ、展示などのメディアで扱われる歴史教育を分析し、変化の兆しがあるとは言え、女性の記述量や扱われ方、ジェンダーの視点が不十分であることを指摘している。

最後に、各学校段階の教師や管理職の性別構成比に着目しよう。図1‐4は各学校段階における教師の性別比を表している。学校段階が上がるにつれて女性教師の割合は減少しており、幼稚園から中学校までの性別比は長年変化していない[13]。生活指導やケアが重視されるといわれる幼稚園や小学校は女性の割合が多く、学ぶべき知識やスキルが高度になる高校や大学では男性の割合が多くを占めている。こうしたジェンダーに基づく偏りをジェンダー・バイアスと呼ぶ[14]。私たちは学校へ通いながら、教師の性別によって求められる役割を知らない間に学んでしまうのである[15]。

そして、管理職の割合をみるとさらにジェンダー・バイアスが見られ、男

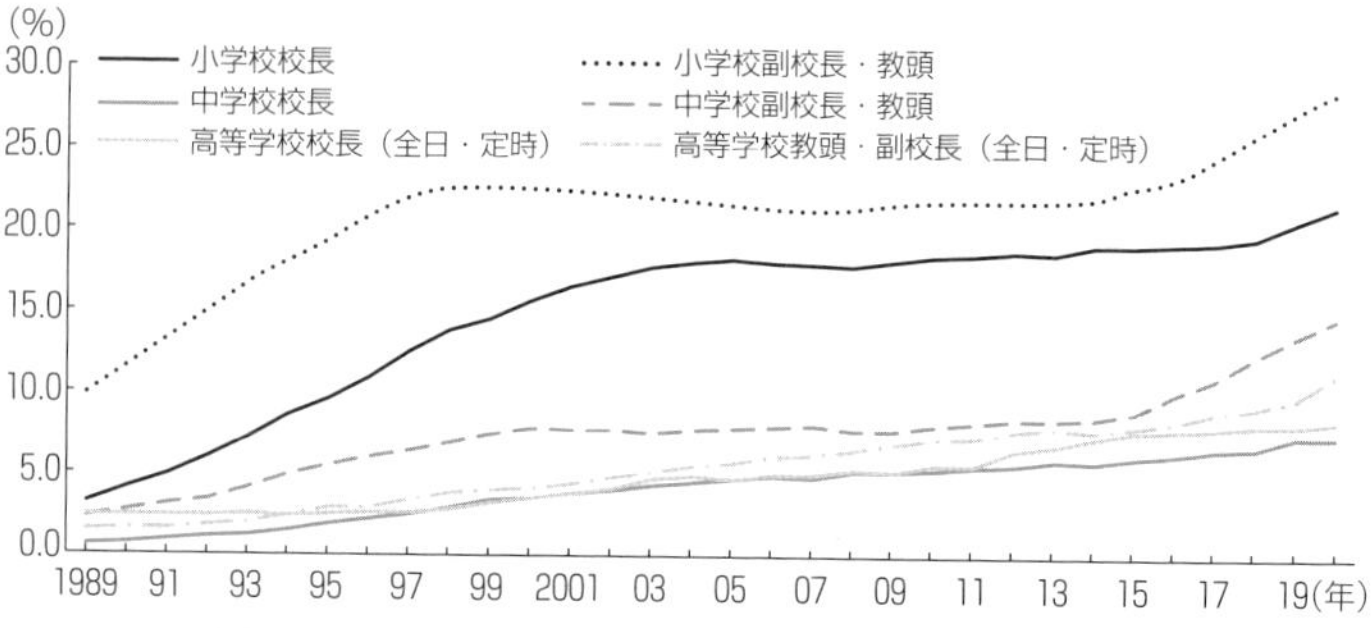

図1－5　管理職に占める女性の割合の経年推移

性教師の割合が圧倒的に多い（図1-5）。小学校では約5人に3人が女性教師であるが、管理職になると教頭全体の中で女性教頭が約4人に1人、同じく校長は約5人に1人となり、その比率は逆転する。中学校や高校になると女性管理職の割合は更に小さくなる。興味深いことに、こうした実態は全国共通ではない。図1-6、図1-7は学校管理職に占める女性の割合を都道府県ごとに図示したものである。小学校をみると、石川県や神奈川県のように約2人に1人は女性教頭、約10人に3～4人は女性校長がいる都道府県もあれば、宮崎や長崎のように約10人に1人以下の女性教頭、約10人に1～2人の女性校長しかいない都道府県もある。前者のような都道府県で育った場合、小学校の管理職がほとんど女性であった経験も少なくないが、後者であれば女性の管理職に出会った経験が全くないことも起こりやすい。つまり、育った都道府県によって管理職をめぐるジェンダー経験は異なることになる。

こうした実態は世界共通ではない。表1-1は TALIS2018 による中学校段階の女性校長の割合である。日本は諸外国に比べて女性校長の割合が著しく低いが、女性管理職の少なさに迫る研究も蓄積されている（高野 2006; 浅井他 2016; 河野 2017; 楊 2018など）。国立女性教育会館（2019）によれば、家事・育児・介護などの家庭責任を担っている教師

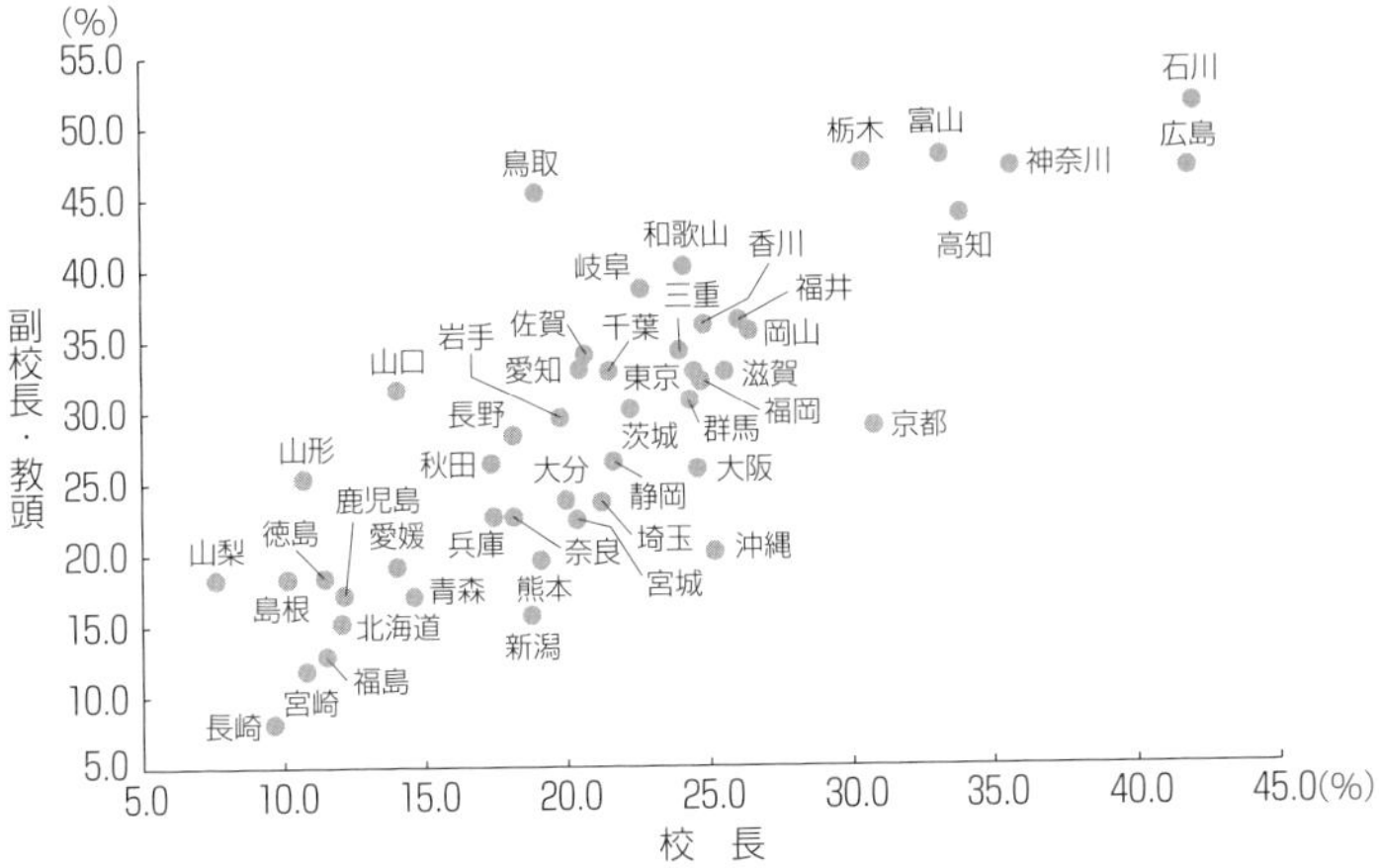

図1－6　都道府県別の小学校管理職に占める女性の割合

（出典）2020年度学校基本調査より作成.

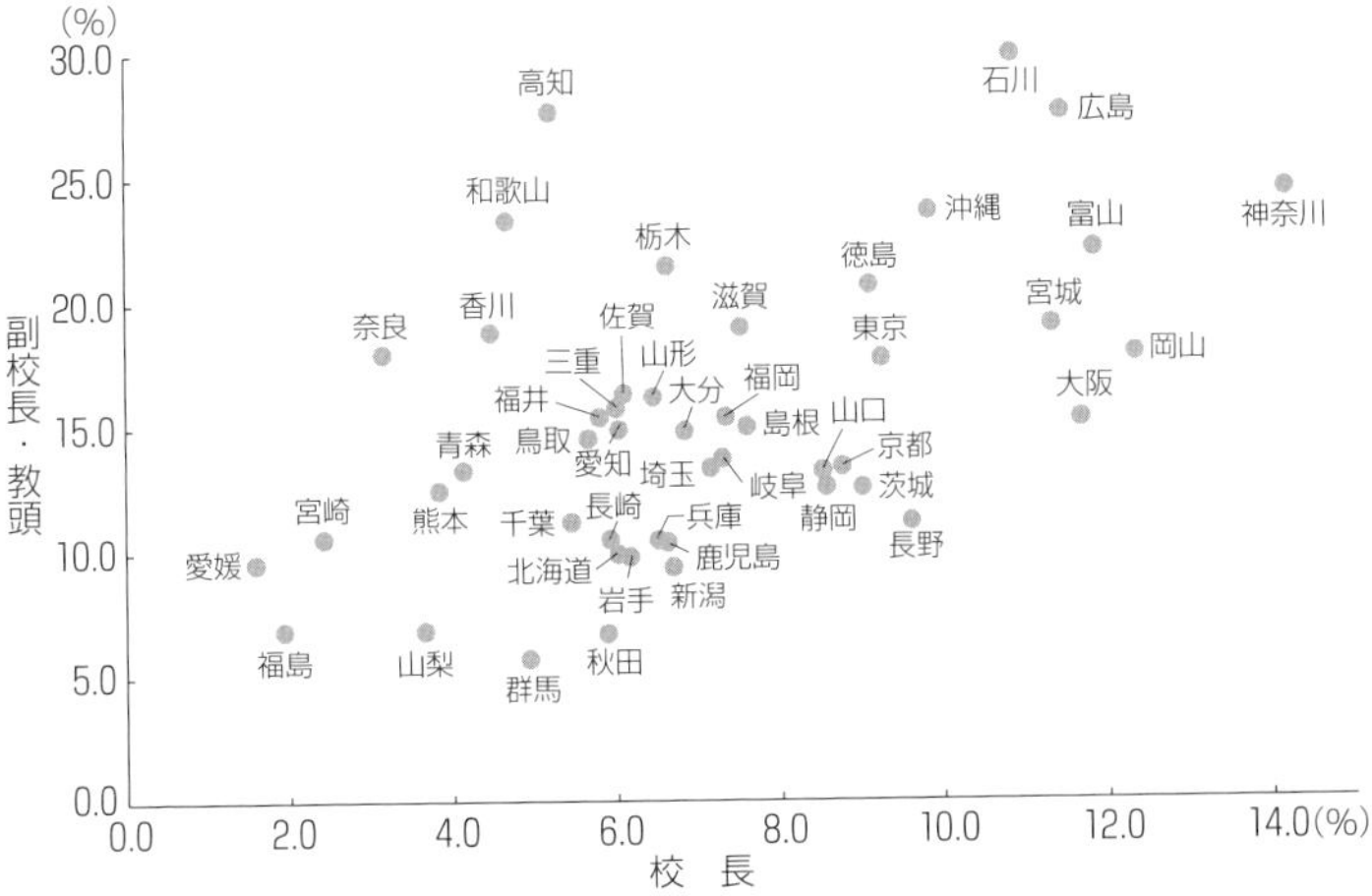

図1－7　都道府県別の中学校管理職に占める女性の割合

（出典）2020年度学校基本調査より作成.

表１－１　中学校段階における女性校長の割合

ラトビア	83.8	スペイン	49.3
ブラジル	76.5	アメリカ	48.5
ブルガリア	72.9	シンガポール	47.2
ロシア	69.2	フィンランド	46.5
イタリア	68.7	マルタ	46.0
スウェーデン	68.7	上海（中国）	44.5
スロバキア	66.4	ベルギー	43.6
ハンガリー	63.0	ポルトガル	43.2
スロベニア	62.7	イングランド（イギリス）	41.4
ルーマニア	61.2	フランス	41.3
ブエノスアイレス（アルゼンチン）	60.7	フランドル（ベルギー）	40.3
アイスランド	60.4	オーストラリア	40.2
ジョージア	60.1	オランダ	37.9
リトアニア	57.2	コロンビア	37.1
エストニア	56.6	メキシコ	35.4
ノルウェー	53.7	デンマーク	35.4
ニュージーランド	53.6	アルバータ（カナダ）	29.7
カザフスタン	53.1	台湾	28.9
クロアチア	52.6	ベトナム	28.8
チェコ	52.4	南アフリカ共和国	21.8
キプロス	51.7	韓国	19.6
アラブ首長国連邦	51.3	トルコ	7.2
サウジアラビア	51.3	日本	7.0
イスラエル	50.0	OECD30か国平均	47.3
オーストリア	49.9	EU23か国全体	54.0
チリ	49.6	TALIS参加47か国平均	48.9

（出典）国立教育政策研究所（2019）より筆者加工.

は女性に偏っている傾向にある。しかし、現状の管理職の育成システムではそうした家庭責任が考慮されているわけではないため、女性教師は不利になりやすい（河野編 2017）[16]。また、広域人事異動・へき地校への異動が管理職選考の要件の一つであったり、主任の任用が管理職選考試験制度と連動していたりすれば、家庭責任を担っている女性教師にとって不利になることや、主任にならないことで女性教師の学校経営に対する意欲や経験が向上しづらい（楊 2018）。このように、差別の意図の有無ではなく、結果的に差別を生み出すような行動、慣習や手続きを包含していることを河上（1990）は「システム内在的差別（systemic discrimination）」と呼ぶ。

教職という仕事は一見すると男女平等に思えるが、実は女性差別が存在しており（河上 2000）[17]、「性別」が非常に影響するジェンダー化された領域なのである[18]。

第2節　教師は「再生産の担い手」？「変革の担い手」？

前節では隠れたカリキュラムに潜むジェンダーについて扱ってきたが、学校で過ごす大半は授業内外の教師—児童生徒間や児童生徒同士のやりとりで占められている。「ジェンダーと教育」研究は、そうした学校内部のやりとりにも着目し研究を蓄積してきた。先行研究を網羅的に整理した優れた著書やレビュー論文はいくつもあるため（中西・堀 1997; 多賀・天童 2013など）、本節では本書のテーマである教師を対象とした研究を中心に見ていこう。「ジェンダーと教育」研究において、ジェンダーを「再生産する担い手」として、あるいは逆にそれを「変革する担い手」として、教師はキーパーソンであると指摘されてきた（笹谷 2000）。まずは前者について見ていこう。

第1項　再生産する教師たち

幼稚園を調査対象とした森（1989）は、子どもたちの個性を尊重する「児童中心主義」と、集合的な一斉授業という条件における「教室統制」の確保という矛盾する状況に対応するために、教師が「自然な」枠組みとして「性別」や「性役割」[19]を用いていることを明らかにした。例えば、「お弁当をがんばって食べる」ことは個々の子どもの発達課題であるにもかかわらず、発達課題が「集団の指導目標（ここではお弁当を食べさせる）」となった際、「そろそろお弁当の用意したいと思います。……まず最初、女の子、〇〇先生（副担任）とこへ行って……」や「はい、お机のところへ来ました。……じゃあね、男の子、おカバンとお弁当、もってきてください」というように、性別を分けることと性別による一斉行動が集団を統制する手段として持ちだされる。また、「男の子を前のほうに座らせているのは集中力がないからです」といった具体的な「性役割」も集団統制に利用される。つまり、子どもたちの個性を尊重するとしながら、性別カテゴリーを用いて子どもたちを一律に処遇しているのである（森 1989: 165-166）[20]。

小学校をフィールド調査した宮崎（1991）も同様の指摘をしている。小学校教師たちが日常的に用いる性別カテゴリーは、活動がスムーズに行えるように児童たちの行動をパターン化する手段の一つだった。しかしよく考えると、教師の話を聞くこと、座席の配置や整列、作業のために呼ぶといった行為を男女に分けて行う必然性はない。では、なぜ性別カテゴリーを教師たちが用いるのかと言うと、理由は大きく二つあると宮崎は指摘する。第一に、児童たち自身がすでに「性別カテゴリー」を利用可能な知識として備えていることで、教師がそれを利用しやすい。第二に、教師たちは「性別より個人」としながらも「仕事なんかは女子の方がてきぱき早い」、「男の子の方がさっぱりしてるね。（中略）」（宮崎 1991: 116）といった性別ごとの類型化を行っているために、性別カテゴリーを「自然」なものとして受け入れてしまっている。

これらの理由から、教師は児童集団を統制するために性別カテゴリーの機能的な部分を利用しているが、すでに「セクシズム」を内面化した児童からすると教師の性別カテゴリー使用はまぎれもない「社会的リアリティ」であり、どのような理由であれ教師が性別カテゴリーを使用するならば児童の「セクシズム」を強化し、結果として「性役割の社会化」[21]をもたらすと宮崎は指摘する。[22]

森や宮崎の研究で登場する教師たちは、ジェンダーを再生産することや性別に応じて異なる処遇を意図的に目指しているわけではなく、あくまでも「コントロールの手段」として性別カテゴリーを用いているわけだが、それが結果として学校におけるジェンダーを再生産してしまう。

続いて、教師の対応が性別によって異なっていた経験はあるだろうか。木村（1999）によると、児童生徒たちは「先生は女子と男子を比べることが多い」や「先生は女子に甘い」のように、教師の対応が性別で異なることを認識していた。[23]また、教師からの発言機会に関して、女子よりも男子が優先されていると意識している生徒が多いことや、実際の発言機会も男子に偏っていることを明らかにしている（木村 1999: 79-86）。これは、教師が意図的に男子を優先しているというよりも、「落ち着かない状態」の男子児童への対応を模索した結果、活発な男子集団を軸に学級運営を行っていく中で生まれた「子どもと教師の交渉の中で形成されている」（木村 1999: 106）。それに加え、授業中の発言に対して、子どもたちの仲間集団による賞罰が活用されることで「男らしさ」が形成されたり、男子が女子を「足手まとい」だから「自分たち（男子だけ）でやりたい」というように、「女子と自分たち（男子）」を区別し優位に立つ様子も観察されている。こうした教室内のやりとりを通じて、授業時間以外では活発な女子たちが授業になると「沈黙」してしまうため、教師が女子を指名したくともできないジレンマを抱えることになる。このことから、子どもたちはジェンダー秩序を注入される客体ではなくそれを生み出す主体でもあり、教師もまた子どもたちに巻き込まれつつ再生産の担い手になる姿を木村は描き出している（木村 1999: 94-115）。

中学校でも同様のことが指摘されている。氏原（1996）は、ある程度男女平等に関する意識をもっている教師でさえ、男子生徒の戦略に引っかかったり、男子を授業に引き入れるための教師戦略を用いることで、女子の存在が周辺化され性差別的なメッセージを伝達していることを指摘している。例えば、授業中の発言機会が性別で偏らないように心がけていても、「ニュースになるような話題」を少数の男子がすることで教師の注意は彼らへ向かうことになる。また、教師の発言にジェンダー・バイアスが潜んでいる場面が観察されている。例えば公民の授業場面で、「皆さんが２０５０年くらいまで生きていかれる上で、生涯の敵はかみさんなんかもいるけど、インフレではないか」という問いかけの中に、聞き手として女子が想定されておらず（「男子」で「かみさん」になることを思い描くことは通常ありえない）、しかも「かみさん（＝女性）」を笑いの対象にしている。さらに、「女子を指名」するように発言しながら、女子の指名が二度続くと「女子ばっかじゃん」と男子が不平を漏らすなどして、教室空間を男子が支配しようと女子に攻撃的な発言を浴びさせる場面も観察されている[24]。

ここで取り上げたのは事例研究であり、これらの知見が全ての学校現場で普遍的に適用できるわけではないが、教師が意識的であるか否かにかかわらず、学校教育においてジェンダーを「再生産する担い手」となる可能性がわかるだろう。一方で、学校や教師たちがジェンダー秩序を変革するための実践も蓄積されている。

第2項　変革を目指す教師たちとその困難

多賀（2016）は、学校全体が「男女平等教育」に取り組み、名簿、靴箱やカバン棚、整列、持ち物、呼称、席の配置や体育のチーム分け、学習グループや委員会活動などから「性別」という指標を取り除くことで、児童や教職員に「男女平等」に対する考えが浸透した小学校の事例を紹介している。その一方で、「男女平等」と「個性重視」のジレンマ、児童集団の影響力、家族の影響力によって教師の影響力が限定的にならざるを得ない側面を明らかにした。例えば、男子が黒色／女子が赤色の持ち物を選択したならばそれは「性別にとらわれた／自分らしい」選択なのかを判断することの難しさ、他の児童の評価が気になり伝統的なジェンダー規範から逸脱することの難しさ、学校の実践が児童の家庭のあり方を否定しないようにすると「男女平等教育」の働きかけが限定されることなどが描かれている。

また、教師の意図だけでは教育実践のねらいを達成できない難しさもある。上田（2003）は、「ジェンダー・フリー教育」実践の社会的文脈が学校のもつ人的・物的環境や学校運営等の様々な条件によって形成されており、そこには「ジェンダー・フリー教育」の理念と対立するものが存在する場合もあると指摘する。例えば、「ジェンダー・フリー」の授業を行ったとしても、学校の様々な「もの・こと」が男女で明確に区分されていれば、隠れたカリキュラムからジェンダーを学ぶことになる。また、教師が「ジェンダー・フリー」の授業を行ったとしても、ジェンダーに関する「知識」が生徒の実感と結び付かなければ、授業内容が生徒たちへ伝わらない困難さも存在すると言う。

そして、学校環境や生徒だけでなく、教師自身もジェンダー化されていることの難しさもある。氏原（2003）は、「ジェンダー・フリー」の知識が、生徒と教師のジェンダー化の経験とそれらに教師が葛藤する姿を主に三点描きだした。まず、ジェンダーへの挑戦が生徒や教師からなされても、他の生徒に棄却されることがある。教師が意図的にピンクの服を着せた男子の写真を提示した際、男子生徒から「（教師の）性格ひねくれてる」と抵抗を受け、服装のジェンダーを打破できなかったのである。次に、生徒自身がジェンダーにとらわれている。授業の題材として性別役割分業を疑問視する内容を提示しても、そのことでジェンダーに疑問をもつ生徒は限られていた。最後に、教師自身がジェンダー・バイアスにとらわれていることである。教師自身もまた、ジェンダー化の経験をしており、そのことでジェンダー・バイアスにとらわれ、新たな性別役割分業(25)を生徒たちに伝えたり、無意識にジェンダー・カテゴリーを用いた生徒対応を行っている。

前述の研究群から言えることは、教師だけでなく、児童生徒やその保護者もジェンダー化された存在であることから生じる困難である(26)。「教える」という仕事は学習者のあり方に規定される性質（久冨 2008: 20）をもつことを考えると、教師自身が積極的にジェンダーをめぐる教育課題の変革を試みようと実践しても、それが児童生徒へ伝達されるとは限らず、場合によっては児童生徒、その保護者から反発される可能性も多分にある。こうした児童生徒に対する実践の困難性だけでなく、教師文化の性質によって教師個人の「男女平等教育」実践が「根づきにくい」ことも存在する。

木村育恵（2014）によると、「学校は既に男女平等」だと考えられた中で、男女平等教育は「個人の裁量」に任せられる(27)。そして、「他のクラスにちょっかい出さない」という発言のように、他の教師の実践や学級に深く踏み込むことから距離をとる教師世界が存在する。これは個人の裁量で〈男女平等教育実践〉を行いやすくする一方で、他の教師が個人の実践による学級集団や子どもへの「変化」を積極的に評価しない限り〈男女平等教育実践〉への共通理解を困難にさせる。また、個人の裁量で〈男女平等教育実践〉を行っていても、学校行事などの他の学級や学年と足並みをそろえる「集団同一歩調」への対処に迫られる難しさも存在する。さらに、教師の仕事は多忙であるため、新たに〈男女平等教育〉をとりいれる優先順位が低く、その必要性を共有することを困難にさせる。このように、教師文化と〈男女平等教育実践〉との関係は様々な困難を抱えている。

以上から、ジェンダー秩序の変革を目指しながら実践をめぐる困難に奮闘する教師たちの姿がうかがえる。それでは、ジェンダーをめぐる教育課題へ対抗するためにはどのようなアプローチが有効なのだろうか。それを次に見ていこう。

第3節　ジェンダーをめぐる教育課題へ対抗する

第1項　クリティカル・ペダゴジー

教育の中で「自然」を装って当然視されているジェンダーや、そこから生み出される様々な問題を問い直す上で有効なものがクリティカル・ペダゴジーの視点である。Apple（1979＝1986）によると、「学校における明示的・暗示的知識や、それらを選別・組織・評価する基準は、学校知識よりもはるかに庞大で多種多様な知識群や選別基準の中から一定の価値観にしたがって選別されたものである」（Apple 1979＝1986: 87）。クリティカル・ペダゴジーには、「何が『公式の』あるいは正統とされる知識と見なされ、誰がそれを所有しているのかという問いにまつわる認識論的・イデオロギー的な前提を根本から問い直す作業が含まれる」（アップル・アウ 2009: 10）という。確かに、「当然なものを問い直す」ことは容易に達成できるわけではない。なぜなら、「正統と思われているもの」は、「正統」だからこそ容易に変化しないため、そうした「正統」をめぐる闘争の場において優位性が保たれやすいからである。しかし、「正統」なものが常に支配的であり続けたり永続的に再生産されるわけではなく、常に抵抗や変革の契機にさらされることになる。こうした闘争の場としての学校を鮮やかに描き出したのがHenry A. Girouxである。

Giroux（1988＝2014）は、学校を「民主主義的公共圏（democratic public spheres）」として定義し、変革的知識人（transformative intellectuals）として重要な役割を教師に与えている[28]。Giroux によるクリティカル・ペダゴジーの主張を端的にまとめると、学校教育は決して中立ではなく、何が正統な知識であるかをめぐる闘争が行われており、そのなかで抑圧された者の解放を目指していくことが必要となる。そのためには支配的な文化に対する批判的な思考力を児童生徒へ身につけさせるとともに、教師自身も変革的知識人として自らの価値観にも批判的に対峙する必要がある[29]。Giroux のクリティカル・ペダゴジーが教師へ求めるものはあまりにも膨大かつ困難なものが多いものの[30]、学校に潜むジェンダーを批判的に検討する上で彼の主張は非常に示唆に富む。そしてもう一つ、Giroux の思想で本書にとって重要な議論が存在する。それが１９９０年代以降、ポストモダン・フェミニズムから影響を受け展開された、「差異 difference」の議論である。

Giroux（2005）は差異を〈境界 border〉[31]と呼び、人々はこの〈境界〉内でコードに限界づけられるため、「白人である」、「男性である」ことが、その人の認識や経験を限定する（上地 1997: 51）。これはジェンダーにも該当し、人はジェンダー化された環境や人々との相互作用の中で過ごすことで、その人の認識や経験が限定されていく[32]。そして Giroux は、この〈境界〉の限界を認識し、自らの「〈境界〉を超えること border crossing」を教師へ求める。教師は自らの〈境界〉を超えることで他の〈境界〉と交流が生まれ、自身の〈境界〉内の限界を自己批判的に捉え直し、それが自身の〈境界〉の変容を生み出すことになる。そして、児童生徒が〈境界〉を超え、他者の〈境界〉と交流することへと導く役割も教師は担っている[33]。

しかし、〈境界〉がその人の所属集団、その人の立場や育ってきた経験と関連しているにもかかわらず、教師の越境に際して、そうした経験等を考慮に入れた方法よりも教師の責任や役割を Giroux は強調している。それに対して「フェミニスト・ペダゴジー（feminist pedagogy）」は、学習者だけでなく教師の経験も学習の中心にすえることを強調する。

第2項　フェミニスト・ペダゴジー

フェミニスト・ペダゴジーは、大学の中で女性学の発展とともに開発されてきた[34]。Shrewsbury（1987）によると、フェミニスト・ペダゴジーはジェンダー公正（gender justice）と抑圧の克服に関係し、学習者と教師の経験を資源に行われる[35]。また、フェミニスト・ペダゴジーは、参加型の教授／学習（engaged teaching/learning）であり、教師―学習者という関係も「教える者／教えられる者」という関係よりも、互いに学び合う水平的な関係が目指されている（Shrewsbury 1987）[36]。野崎（2000）は、「解放の教育」という点こそが、過去、現在、そして未来へと変わることのないフェミニスト・ペダゴジーの基本理念であり、「社会変革の教育」あるいは「解放の教育」の一つであるという点を抜きにしてフェミニスト・ペダゴジーはありえないと指摘する。そして、フェミニスト・ペダゴジーは、所与の知識を上手に生徒に教え込み試験の成績を向上させることを目的とする教育方法とは全く異なり、所与の「知識」を内容であれ形態であれ、限りなく疑うもの（批判的に検討しつづけること）であると述べる（野崎 2000: 208-10）。

とはいえ、教師と学習者の水平的な関係に支えられながら、所与の「知識」を批判的に検討することは簡単なことではない。藤原（2004）は、フェミニスト・ペダゴジーと教師の権威の関係を整理し、教師の権威が制度的、あるいは教育的関係において不可避であることを前提に、教師自身がその権威に自覚的でありながら積極的に行使する必要性を指摘する。ただし、フェミニスト・ペダゴジーは大学において発展しており、初等中等教育にそのまま適用できる議論ではないことを藤原は指摘する。

以上の指摘をふまえると、最終的な目標としてフェミニスト・ペダゴジーによる実践を行うことを目指しても、現在の学校現場へ早急に導入することはいささか難しい。なぜなら、初等中等教育では児童生徒を社会化する必要があり、加えて学習指導要領で定められた知識を児童生徒へ伝達しなければならないため、「知識」そのものを批判的に問うことは非常に困難を伴う作業である。また、児童生徒集団を統制するためには、程度の違いこそあれ、そこには統制する側／統制される側という一種の力関係やヒエラルキーが存在することも不可避であり、特定の時間や空間のみ水平的な関係を形成することは簡単ではない。さらに、経験に根差した方法に問題がないわけではない[37]。したがって、教師が遂行可能な教育実践をまずは想定することが現実的ではないだろうか。そこで参考になるのが、学校教育においてジェンダー・センシティブな視点による教育の必要性を訴えている Houston（1996）の主張である[38]。

第3項　ジェンダー・センシティブな視点

Houstonによれば、学校におけるジェンダーをめぐる教育課題へ対抗するためには、男女差が現れる項目や活動を学校から排除することと、ジェンダーを無視することだけでは不十分であるという（無意味とは言っていない[39]）。前者は仮にこうした項目を除去できたとしても、「なぜジェンダーによる差異が存在するのか」、「ジェンダーの差異をどのように評価するのか」という二つの重要な問いを排除する危険性が生じ、ジェンダー秩序における力関係を見過ごすことになる。後者は、ジェンダー・バイアスの無自覚をもたらし、ジェンダーの再生産を行う可能性があることと、教師が仮に無視したとしても児童生徒たちがジェンダーを無視しないという問題点をはらむ。Houston はむしろジェンダーを明示化し、その多様性に注目を集めようとする。

ジェンダーへの注目は例えば、児童生徒の「個性」によって選択されたもの[40]の背後に存在するジェンダーや、それによる制約を明らかにする上で非常に有効であろう。こうしたことを有効にするために、Houston は「ジェンダー・センシティブな戦略」を提唱する。少し長いが以下に引用する。

ジェンダー・センシティブな視点は、特定の慣習についての私たちの全ての疑問に答えることのできるような詳細な教育計画書ではない。そうではなくて、生徒や教師がセクシストな文化を理解し、対抗することができるような方法を求めることを常に意識させるものである。それは状況的な戦略である。バイアスを除去するために差別のパタンに見合った活動を選ぶという戦略である。これが特に留意すべき特徴である。この視点の良いところは、常に現れる新しいタイプの予期しなかったジェンダー・バイアスにも対応できることである。ジェンダー・センシティブな視点の優れた点は、自己訂正作用を持つ方法を生み出すことができることである。というのは、ジェンダーがセックス間の関係であり、私たちの生活を常に組織、再組織している過程であると認識できているからである。圧力を加え、反応を生み出し、変化をもたらすというジェンダーシステムのダイナミックスに気づいているからである。特定の状況で必要とされるジェンダーについて常に警戒し、計画を立て続けるのは、考察した三つの方法の中で、ジェンダー・センシティブな視点だけである。この視点を採用することによって、私たちは自分たちの間違いに気づき、不要になった政策や実践を変更し、新しい状況に合った新しい政策を導入することができる。この意味でジェンダー・センシティブな視点は、セックスの平等という摑みどころのない理念を実現するための自己訂正可能な方法なのである。（Houston 1996: 60-61）

このHoustonの指摘を踏まえるなら、男女混合名簿の導入や呼称の統一、ジェンダーに関する授業実践等を遂行すれば自動的にジェンダーをめぐる教育課題が解決するわけではなく、学校や教室の文脈を常に考慮しながらつぶさにジェンダーを観察し、それが生み出す教育課題に対処していくことが求められる。そして、ある実践（例えば呼称の統一やジェンダーに関する学習）が成功を収めたとしても、文脈が変化すればそこでのジェンダーをめぐる教育課題もまた変化していくため、その有効性が失われる恐れもある。だからこそHoustonが強調する自己訂正作用は、学校や教師自らの実践を批判的に検討することを促し、文脈の変化へ適宜対応することができる。

以上、ジェンダー・センシティブな視点・戦略について概観してきたが、このことが日本においてどのように受容されたのであろうか。次項で見ていこう。

第4項　日本の「ジェンダー・フリー」を目指した教育実践

Houstonが提唱するジェンダー・センシティブな視点・戦略は、日本においても用いられているが、より広く流通したものとして「ジェンダー・フリー」が挙げられる。

館（1999）によれば、日本に「ジェンダー・フリー教育」という概念を普及させる役割を担ったのは、東京女性財団の研究プロジェクトであり、その研究成果が報告書としてまとめられている（東京女性財団1995, 1996）。東京女性財団（1995）がまとめた『ジェンダー・フリーな教育のために――女性問題研修プログラム開発報告書――』は、両性の生き方を制限している文化的側面を「ジェンダー・バイアス」と呼び、この「ジェンダー・バイアスの修正こそが、性的不平等を是正するためには必要であり、それが達成された社会が「ジェンダー・フリー」な社会ではなかろうか」（東京女性財団 1995: 7）と主張する。ここでは、若い教師へ向けた研修用ハンドブック『若い世代の教師のために　あなたのクラスはジェンダー・フリー？』も作成され、教師が自らの「ジェンダー・バイアス」をチェックする項目や「隠れたカリキュラム」の説明などが内容として盛り込まれており、教室における「ジェンダー・バイアス」を取り除くことが企図されている。翌年に同じく東京女性財団（1996）から刊行された『ジェンダー・フリーな教育のためにⅡ――女性問題研修プログラム開発報告書』では、ハンドブックの成果や課題が整理されている部分と、隠れたカリキュラムをめぐる理論的整理も行われている。そして、「ジェンダー・フリーな学校」を「バリア・フリーな学校」に見立て、次のように主張する。

ジェンダー・フリーな学校は、ちょうどバリア・フリーな学校がそうであるように、男女というジェンダー・コードの「段差」を発見し、これを「平ら」にする試みである。この「段差」の発見は、われわれがジェンダー・コードの働きを鋭敏に察知することから始める。それを、ここでは「ジェンダー・センシティヴ」と呼びたい。（東京女性財団 1996: 104）

こうして、「ジェンダー・バイアス」をつぶさに発見し、除去することが前回の報告書同様に目指されている。館（1999）は、この報告書で提示されたジェンダー・フリー教育と従来の男女平等教育がいかに異なるのかを整理している。彼女の整理を簡潔にまとめると、従来の男女平等教育では「男女は違う」ことが前提となっており、その違いを「特性」と捉える特性教育論を脱却できておらず、結局は男女を対極に位置づけ、「男女は異なるので協力する」という「二項対立的相補論」を維持してしまっていた。それに対してジェンダー・フリー教育は、性別の社会構築性に依拠しており、性別カテゴリーの二分法を徹底的に外すこと、性別による社会や学校の「秩序化」のために権力関係が存在することへ敏感になることである。それゆえに、「ジェンダー・フリー教育のコンセプトは、『性』をめぐる暗黙知を払拭し、学校制度、慣習、授業に埋め込まれた『性別秩序』を解体することにある」（館 1999: 121）[41]。

ところが、非常に広く普及していったジェンダー・フリーという概念は、２０００年代に入り暗礁に乗り上げる。「過激な性教育」、「男性・女性ではなく中性を作る」、「家族を壊す」、「男女が同じ部屋で着替える」など、事実関係や現場の実態をほとんど確認・検証しないまま「ジェンダー・フリー」概念を誇張・誤認する「ジェンダー・バッシング」現象がメディアを席巻することになる[42]。

こうした「バッシング」による逆風の中でも、ジェンダー・センシティブな視点やジェンダー・フリー教育のコンセプトが脈々と受け継がれ、教育実践が積み重ねられてきた。例えば、日本教職員組合が毎年行っている研究集会では全国各地の様々な実践報告がなされており、『日本の教育』にその様子がまとめられている[43]。

第4節　ジェンダー教育実践と〈教師〉の関係

前節では、ジェンダーをめぐる教育課題へ対抗するための4つのアプローチを整理した。はじめにの図1をもとに大雑把な見取り図を提示するならば、全てのアプローチにおいてジェンダー秩序の変革は念頭に置かれ、教師は「変革の担い手」としての役割をもつ。

クリティカル・ペダゴジー、フェミニスト・ペダゴジーは、各ジェンダー体制における児童生徒の経験を学習内容に据えること、ジェンダー体制の一つである学校で「正統」と思われる知識を批判的に思考する力の育成やジェンダー不公正の変革を目指している点で共通するが、教師の立ち位置に違いが見られる。

クリティカル・ペダゴジーは教師が自らの〈境界〉に自覚的であり、変革的知識人として児童生徒を（ある意味）「正解」へと導く役割が前提とされている。それに対してフェミニスト・ペダゴジーは、そうした教師の役割にも批判的であり、教師自身の〈境界〉に枠づけられた経験そのものも学習の題材として扱うことになる。ジェンダー・センシティブな視点とジェンダー・フリーは、教師自身の経験を題材にするかは明示されていないが、ジェンダー・バイアス検討対象として教師の認識や価値観が挙げられ、学校におけるジェンダー・バイアスを是正する役割を与えられている。

以上に加え、ジェンダーをめぐる教育課題へ対抗するための教育実践の議論（例えば、亀田 2000; 館 2000; 日野 2005; 木村育恵 2014など）を整理するならば、①学校における「不要な男女の区別」の撤廃やジェンダー・バイアスの是正、②教師自身のジェンダー・バイアスへの気づき、③ジェンダー秩序に対する構造的理解、④授業・教育実践、の4つに大別できる。①では、第1章第1節で取り上げた隠れたカリキュラムにおけるジェンダー・バイアスをチェック・是正すること（「不要な男女の区別」の撤廃）[44]が目指されている。②では、教師自身のジェンダー観やジェンダー・バイアスを自省すること、教師が児童生徒と関わる際に無意識に表出してしまうジェンダー（・バイアス）をつぶさに観察することも求められている。③では、図1で示されたような学校や社会におけるジェンダー秩序の認識や理解が求められる[45]。④では、学校や家族におけるジェンダー関係、社会のジェンダー秩序について授業で取り上げたり、児童生徒の個性尊重を促進したり、男女混合の体育を行ったりなど、より具体的な授業・教育実践が示されている。

本書では、こうしたジェンダーの教育課題へ対抗・変革するための総体的な取り組みを「ジェンダー教育実践」と定義する。ジェンダー教育実践は、前述したような実際の授業実践、男女混合名簿といった制度的・システム的な取り組み、様々なところに存在するジェンダー・バイアスを是正する実践・取り組み、教師（または児童生徒）の自らの認識を問うこと等を含んだ、非常に包括的な概念である。

第1項　ジェンダー教育実践の類型

包括的な概念であるジェンダー教育実践は、二つの軸によって区分することができる。第一に、ジェンダー教育実践がフォーマルなものとして位置づけられているか否かということである。第二に、学校や教室、教師や児童生徒の中に存在するジェンダーにセンシティブであるか否かということであり、Hustonの主張するジェンダー・センシティブな視点と同義である。[46]

まずは、フォーマルなジェンダー教育実践から見ていこう。フォーマルというのは、学校、学年、学級などの各単位において、ジェンダー教育実践が組織的・制度的に行われていることを指す。例えば、前述した実践例や教材を用いて実際に授業を行ったり、学校全体の取り組みとして呼称が「さん」で統一されたり、男女混合名簿が用いられたりすることが挙げられる。[47] フォーマルなジェンダー教育実践は、ジェンダーにセンシティブではなくとも成立する。例えば、ある学校が以前から呼称の統一や男女混合名簿の使用、年間カリキュラムで授業を行っているところへ新たに赴任した教師は、余程の拒絶反応を示さない限り、その学校の方針に沿ってジェンダー教育実践を行うだろう。それはジェンダーにセンシティブでなくとも遂行可能である。つまり、「フォーマル×センシティブではない」ジェンダー教育実践は、パッケージ化することで誰にでも行いやすくなる。ただし、フォーマルであるためには、その学校において取り組みが「正統」であると教職員へ認められる必要がある。

それに対して「フォーマル×センシティブである」ジェンダー教育実践は、前述した呼称の統一や男女混合名簿の導入も、教室に存在するジェンダーや教師（あるいは児童生徒）のジェンダー観へ注目する必要

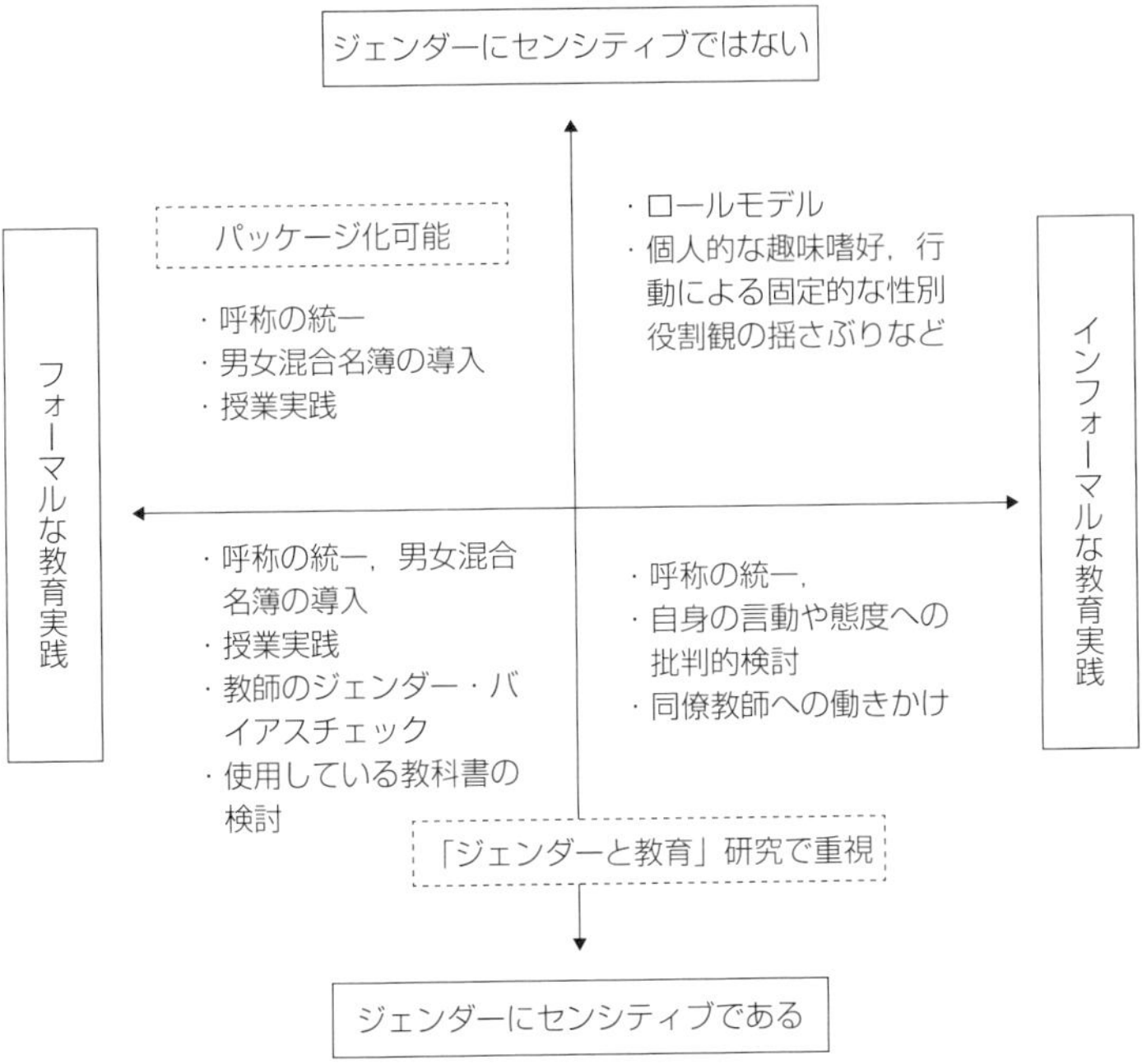

図1－8　ジェンダー教育実践の類型化と具体的な実践内容

があり、与えられたものを機械的に遂行することは難しい。また、東京女性財団（1995）が提示したような、教師自身のジェンダー・バイアスチェックを学校の教員研修時に行うといったことも該当しよう。ここで、一つの学校において二種類のフォーマルなジェンダー教育実践が並存することに留意したい。すなわち、一部の教師たちによって始められた「フォーマル×センシティブである」ジェンダー教育実践が学校全体へ拡がることで、その他の教師たちが「フォーマル×センシティブではない」ジェンダー教育実践を行うこともあり得よう。

次に、インフォーマルなジェンダー教育実践とは、学校で組織的・制度的に位置づけられず個々の教師の判断で行われているものである。授業を含む日常的な児童生徒へのはたらきかけ、自分自身の言動に潜むジェンダーへの批判的な問いかけや同僚教師への働きかけなどが挙げられる。また、勤務学校の方針とは独立して、教師個人で男女混合名簿や呼称の統一を実践している場合も該当する。組織的・制度的ではないからと言って単独でのみ行われているわけではなく、複数の教員が連帯して実践することもあるだろう。わざわざインフォーマルに行うということは、ジェンダーの教育課題に問題意識や関心をもっている可能性が高く、「ジェンダーにセンシティブである」ことが大半であろう。ただし、教師自身はジェンダーへ関心がなくとも、結果としてジェンダー教育実践になるような「インフォーマル×センシティブではない」教育実践も存在する。例えば、数学や理科の女性教師、家庭科の男性教師といったロールモデルとしての存在や、家事や育児を好んで行う男性教師がその楽しさを児童生徒へ伝えることで意図せずして固定的な性別役割観を問いなおす契機を生みだしている場合などがそれにあたる。[48] 以上のことを図示すると、図1-8のようになる。

第2項 「センシティブであること」と〈教師〉としての人生

さて、日本の「ジェンダーと教育」研究やジェンダー・フリーを目指した実践は、「ジェンダー（・バイアス）にセンシティブである」ことを非常に重視していた。ジェンダーにセンシティブであること、いわばジェンダー・センシティブな視点について、河上（2005）の指摘は示唆に富む。河上はバイアスを「ある基準・理念からの偏差・偏見と解する場合は、何を基準・理念とするかは個人の価値観に関わることなので、それがバイアスなのか、またそのバイアスを解消すべきなのかを巡って、意見の対立が生じうる」（河上 2005: 19）ため、各人の価値観によって「何がバイアスなのか」という基準が異なると指摘する。[49] これらを看過すると、「何をもって『男女平等』とみなすのか、現在の男女のあり方の何が問題なのか、さらにいえば、ジェンダーの正義（gender justice）をどう考えるのかといったより根源的なレベルの問いにおいて、異なる見解が錯綜していることに端を発している」（多賀 2016: 88）教育現場における男女平等の取り扱いをめぐる混乱に、一層拍車をかけることになる。河上や多賀の指摘は、クリティカル・ペダゴジーが提示した「正統」をめぐる闘争がジェンダー教育実践においても当てはまることを示唆している。

各人の価値観や立場によって「何をジェンダー・バイアスとみなすか」が異なることに加えて、ジェンダー・センシティブな視点には困難がつきまとう。それは「センシティブであることをどの程度〈教師〉へ求めるのか」という困難である。

木村涼子（2000）は、あるべき市民道徳・価値規範を教えることが公教育の責務であるという文脈における男女平等教育とは、間違ったジェンダー規範をただし、正しいジェンダー規範を教える教育であり、〈公による私の管理〉に陥りかねず、公権力によって権威づけられた学校において、平等や自由、解放について教えることは矛盾を抱えることになると指摘する。つまり、ジェンダー公正な社会を目指す上で、「ジェンダーから自由になるべきだ」といった「正しい」メッセージがあらかじめ存在し、教師は児童生徒へそのことを教える役割をもつことになる。ここでは、教師や児童生徒が「正しい」メッセージから「自由」になることはできない。

この矛盾を抱えた男女平等教育に関して、木村は二つの方向性を考えている。一つは、「公私」解体を徹底する方向性で、教師─生徒関係に潜む権力関係を解体し、新しい教育環境を再編成することである。この場合、教師が教えるべき「正しい」答えも否定され、教師も学びながら葛藤や変容を経験することになり、唯一の結論へたどり着くことが目的ではない。もう一つは、近代の学校教育制度を前提としつつ、その内部で矛盾を抱えつつ男女平等教育をすすめるもので、決して達成されえない目標であることを認識した上で、暫定的に教師が題材として「正解」のある男女平等教育を行うことである。この場合、できるだけ民主的にその「正解」へ子どもたちを導くことが教師の責務となる（木村 2000: 40-41）。

前者の方向性は、フェミニスト・ペダゴジーにおける教師―生徒間関係に類似しており、これを早々に実現することは困難かと思われるが、仮に実現した場合、「正しい」答えがないためジェンダーにセンシティブでなくても教師個人の自由となる。ただし、教師の答えが唯一「正しい」わけではないので、〈教師〉の立場や価値観も議論の対象となる。

それに対して、後者の場合は暫定的であれ「正しい」答えを教師が提示することになるため、どの程度センシティブであるかも定められる。つまり、教師の役割がある基準（例えば性別にとらわれない生き方）から定められ、その基準に依拠して「それを阻害するジェンダーへセンシティブであること」を各教師へ求めることになる。

ここに〈教師〉であることをめぐる二つの問題が発生する。第1に、「センシティブであること」は〈教師〉の価値観や立場に依存するため、どのような基準を採用するにしろ、〈教師〉の価値観や立場と合致しない場合、〈教師〉は「センシティブである基準」を強制的に採用させられることになる。そうした基準の採用は、〈教師〉のこれまでの人生経験や価値観を部分的・全面的に否定する可能性もある。また、前述したように「バイアスの基準」があらかじめ統一見解としてあるわけではないため、その基準をめぐる交渉が必要となる。第2に、ジェンダーの教育課題を「再生産する担い手」として、〈教師〉そのものが批判の対象となる。自らのジェンダー・バイアスを問うことが求められた場合、それは〈教師〉の価値観や人生そのものをも議論の俎上に載せられかねず、〈教師〉であることの根底部分を突き崩す可能性もある。

〈教師〉の価値観や立場を否定すること、変更を迫ること、批判の対象とすることは、木村涼子が指摘する「公による私の管理」であり、〈教師〉はそれを受容しなければならないのだろうか。ジェンダー・センシティブな視点は、児童生徒たちが性別による不利益を被らないために、〈教師〉がジェンダー・バイアスへセンシティブであり続けながら児童生徒たちへ多様な価値観や立場、人生経験を提示するよう迫る一方で、〈教師〉に対しては特定の基準を受容させる可能性を包含している。

第5節　本書で明らかにすること

前節では、ジェンダー教育実践を整理し、ジェンダーにセンシティブであることが抱える困難を〈教師〉という観点から明らかにしてきた。もちろん、教育における何らかの「基準」が錯綜することや〈教師〉の人生が突き崩されることは、他の教育実践でも起こり得よう。しかし、性別が不可避的に人々へ付与される現代社会において、自身の性別やそこから生み出されるジェンダー関係から逃れることは難しく、ジェンダーをめぐる教育課題に関しては、〈教師〉であれ児童生徒であれ誰もが当事者になってしまう。だからこそ、「変革の担い手」としての役割を〈教師〉へ求める前に、〈教師〉がジェンダー教育実践をすすめる上で重視すべき点や直面する困難を明らかにする必要がある。

そこで、前節の整理をもとに本書で明らかにすることを5つ設定したい。

第1に、教師教育の1つである大学の教職課程のジェンダー教育実践に関する学習機会を明らかにする。そもそも〈教師〉たちは、ジェンダー教育実践それ自体やその必要性について学習する機会をどの程度有しているのだろうか。仮にジェンダー教育実践に関して教師教育領域における制度化された学習機会がなければ、〈教師〉の個人的努力や学校現場の偶然の産物に依存することになる。また、ただでさえ基準の合意が難しいジェンダー（・バイアス）にセンシティブであることについて、ジェンダー公正な社会を目指す上で（暫定的とはいえ）「正しい」基準を知らずに、その都度基準の合意形成を行うことは非常に労力を要する。第2章で教職課程を履修する学生を対象に行った質問紙調査から、ジェンダー教育実践に関する制度化された学習機会の現状について明らかにする。

　第2に、ある目的を達成するための教育実践を行うことで、結果的に教師が「再生産の担い手」となる様子を明らかにする。〈教師〉の教育実践は、〈教師〉自身の人生経験や教職経験、勤務学校の文化や方針、児童生徒の実態、抽象的な教師や教育実践に対する歴史的・制度的理念や制約など、多くのものが複雑に絡みながら行われている。従来の「ジェンダーと教育」研究では、教師の教育実践における性差別的な要素や男女に対する処遇の差異をクローズアップし、ジェンダーの教育課題が再生産される様子を指摘してきた。その一方で、〈教師〉たちが置かれた文脈や教育実践を取り巻く歴史性や成果に焦点が当てられることは少なかった[50]。これまで成果を収めている教育実践だからこそ、〈教師〉もその教育実践を選択するのであり、文脈に制限を受ける存在である〈教師〉たちの姿を丁寧に描く必要がある[51]。これについては第3章で、ある小学校における女子のトラブルへ介入した学年団の実践をフィールド調査した結果から明らかにしていきたい。

　第3に、ジェンダー教育実践が〈教師〉の経験や価値観そのものを巻き込み、〈教師〉が葛藤したり変容したりする様子を明らかにする。〈教師〉は何十年間も、個人として様々な経験を経ながらジェンダー観を形成していく。そうした〈教師〉のジェンダー観を「センシティブである」ジェンダー教育実践によって批判的に検討されることで生みだされるものは何か。また、〈教師〉へジェンダー観の変容を求めることに伴う困難は何か。これらのことは、教師の役割にばかり目を向けた場合ほとんど顧みられないかもしれず、結果的に〈教師〉個人に対する負担しか生みださない可能性もある。だからこそ、〈教師〉であることを明確に位置づけ、ジェンダー教育実践との関係を丁寧に描き出す必要がある。このことについて第4章で、ある中学校男性教師のインタビュー調査から明らかにしていきたい。

第4に、〈教師〉集団でジェンダー教育実践をすすめるために必要なこと、難しいことを明らかにする。ジェンダー公正な社会を目指す上で教師個人の力だけでなく、教師集団や学校全体によるジェンダー教育実践を行うことも重要である。そのためにはまず、ジェンダー教育実践を教師集団で取り組んでいる教師たちが重視していることや困難に感じていることを明らかにする必要がある。図1-8の説明で触れたように、「フォーマルな」ジェンダー教育実践はセンシティブであるか否かが一つの学校や取り組みで混在することもある。仮に、一部の〈教師〉たちが「フォーマル×センシティブである」ジェンダー教育実践を提案・実践し、他の同僚〈教師〉たちが集団の一員として「センシティブでない」取り組みを行えば、自然と「センシティブである」実践へと変化していくのだろうか。このことについては第5章で、複数の教師たちへのインタビュー調査から明らかにしていきたい。

第5に、学校現場や教師たちがジェンダー教育実践へ取り組む際、研究者が果たせる役割を明らかにする。「フォーマル×センシティブでない」ジェンダー教育実践のように、文脈に依存しないパッケージ化されたものであれば、初めて取り組む教師たちでも比較的容易に行うことができるだろうか。それともジェンダーをめぐる教育課題が文脈に依存するからこそ、独自の工夫の必要性や直面する困難があるのだろうか。そして、ジェンダー教育実践を推奨する研究者が果たせる役割はなんだろうか。第6章では、小学校教師たちと筆者が協力しながら初めてジェンダー教育実践に取り組んだ事例から、これらの疑問を明らかにしていきたい。

第6節　調査の概要

本書では先の5つの設定に対して大きく3つの調査を行った。まず、教職課程におけるジェンダー教育実践に関する学習機会を把握するために、教職課程に所属する学生に対して質問紙調査を行った。2008年4月から7月に機縁法を用いて、11の大学（国立教育大学5大学、国立大学3大学、私立大学3大学）の協力を得て行った(52)。教師教育のなかでも教職課程に焦点を当てる理由は、教師になる者が誰しも通る道であること、現職教師と比較して体系的に学習する場や時間が整備されていることが挙げられる。この調査は第2章で扱う。

次に、関西圏にあるA市のZ小学校へのフィールドワーク調査を行った。当時のA市の人口は約40万人であり、市内にはニュータウンを抱え、当該県の中でも富裕層の多い自治体である。ただし、地域によって経済階層や世帯構成も異なっており、Z小の児童たちは経済的にしんどい層や一人親家庭の子どもたちも多く、学力や生活に課題を抱えている子どもたちも少なくない(53)。こうした状況の中で、Z小は古くから「しんどい子」を中心に据えた教育を行っており、学級集団づくりや子どもたち同士のつながり構築に力を入れている。ただし、Z小は市内の教師から多忙であることでも知られており、Z小の教師たちの業務量は多く、夜遅くまで勤務していることが日常的である。このZ小でジェンダー教育実践に関心をもつ教師はおらず、学校の中で継続した取り組みは行われていない。この調査は第3・6章で扱う。

最後に、ジェンダー教育実践を行っている教師へのインタビュー調査を行った。インタビューは、

2010年代前半に行われた教職員組合や教師関連組織の県大会において、ジェンダー教育実践に関連する分科会で実践報告を行った教師に直接インタビューを依頼し、5名の承諾を得て行った。さらに、その教師からの紹介によって1名の教師にインタビューを行った。このインタビュー調査は、第4・5章で扱う。

本書では、これらの調査から得られた知見を分析することで前節の5つの課題を明らかにし、ジェンダー教育実践と〈教師〉の関係を考察していきたい。

注

(1) 男女別学の是非については明確な結論が出ていない。多賀(2016)の6章を参照されたい。

(2) 高等教育への進学率が女子よりも男子の方が高いことは、世界的には稀なケースであり、ほとんどの国では女子の方が高等教育へ進学している割合が高い(OECD 2020: A1. 2より)。また、欧米では女子に比べて男子の低学力が目立ち、「男子問題」として取り上げられている(多賀 2016)。

(3) 吉原(1998)は、女子高校生が女子向けの学部・学科へ進学することは、女子校出身の系列校への優先入試による女子大・短大への進学、女子の浪人忌避傾向(もしくは規範)によって、「女子教育」に囲い込むルートが様々に自然な形で布置された結果であり、それが性別によって異なる「場合もある」競争システムとして見せかけられてもいるという。また平尾(2008)によれば、女子の教育需要が短大から大学へ変化したのは、単純に短大数が減少したというよりも、女子の進学選好の変化に呼応して短大教育市場が大きく再編成されたことによる。これまできょうだい数が多ければ、それだけ教育資源が「希釈」され教育達成も低くなり(特に女子には強い影響がある)、性別間だけでなくきょうだい間でも男子は大学、女性は短大という教育達成の性分離が認められたが、近年の子ども数の減少により男女間の教育格差が縮小する方向に働くことで、女子の大学進学者数の増加に影響していると平尾は指摘している。

（4）地方／中央都市部の進学校へ通う生徒の学習時間・進学意欲を調査した有海（2011）は、地方では難関大学志向が女子で有意に下がることを明らかにしている。
（5）教育達成はジェンダーだけでなく、家庭の社会的経済的地位の影響が大きい。松岡（2019）を参照されたい。
（6）「文系・理系」という区分は普遍的なものではないことについて、隠岐（2018）が詳細に論じている。
（7）数学や科学のジェンダー・ステレオタイプに関する研究をレビューした森永（2017）も参考になる。
（8）一方で、「読解力」は全7回とも女子の平均点が常に高く、諸外国でも同様である。
（9）少し古い研究だが、中西（1993）は、日本の高等学校が学業成績のみならず、性別役割観に基づくトラッキング・システムを形成していることを明らかにし、それを「ジェンダー・トラック」と呼んでいる。ある進学校2校の学業成績は同じレベルにもかかわらず、ジェンダー・トラックの存在が学業成績とは独立した「軸」によって女子生徒を異なる進路選択へ分化させていくことを中西は指摘する。
（10）高校では種目の選択制が実施されているため、個人による選択か学校におけるカリキュラムかは明らかではない。しかし、男女差が著しい武道とダンスは、「男子がダンス・女子が武道」を選択できないカリキュラムの学校が一定数存在している（宮本・他 2016）。
（11）具体的な隠れたカリキュラムについては、苅谷（2005）が分かりやすい。
（12）木村の研究は一部の教科書に限定しているため、改めて学校教育全体の教科書分析が求められる。
（13）高校、大学は女性の割合が少し増加傾向にある。
（14）学年の配置や担当教科にもジェンダー・バイアスが見られる。
（15）女性が高校や大学の教師を目指す、反対に男性が幼稚園の教師を目指す場合にロールモデルが不在になる。同様に、前項で触れた理工系分野に占める女子学生の割合が少ないことは、女子にとって理工系分野を専攻するロールモデルが少なくなる。
（16）管理職に選ばれていくために必要な多様な経験を勤務校の管理職へ一任する教員文化様式が存在し、その一任システムによって女性教師たちが管理職へ登用される可能性がある一方、一任システムに教師が乗るためには声がけされるだけの力量を持つこと、声がかかった時に断る状況に置かれていないこと、女性を管理職に登用しようとする価値観や態度を持った見定側と出会えることが必要となる（河野編 2017）。

(17) 女性教師が低く位置づけられているのは日本だけに限らない。欧米では、特に小学校教師を中心として、19世紀から女性が多くの割合を占めているため、教職は「女性の仕事」として認識されており、それに伴って専門職の中でも低い地位に位置づけられていることが問題とされている（Sadker and Zittleman et al. 2007）

(18) 教職にもジェンダーが存在していることは浅井・他（2016）で詳細に描かれている。

(19) 森は性役割を「社会的に期待され、あるいは個人が取得したところの、性にもとづいて分化したアイデンティティ、パーソナリティ特性、態度、価値、規範、行動様式、および社会的分業上の役割の総称」（森 1989: 156）と定義している。

(20) こうした性別カテゴリーの使用は他の研究でも指摘されており、教師の「性役割観」に関係なく男女別の制服や整列が容認されやすい傾向（佐藤・田中 2002）、2歳児がグループなどへの帰属意識を形成することが難しいこと、2歳で性別を理解することが発達の達成課題とされていることから、保育者が必然性のない場面で性別カテゴリーや色に関するジェンダー・ステレオタイプを利用していること（作野 2008）、保育者たちの多くがジェンダーにもとづかない働きかけを行っている一方で、集団の統制などの便宜的なものとしてジェンダーによる処遇の差異化が行われている（藤田 2015）。

(21) 宮崎は明確に定義していないが、文脈を考慮すると性別によって異なる期待や役割を身につけていく過程のことであると考えられる。

(22) 調査対象の教師たちの多くは、彼/彼女ら自身の中に平等主義とセクシズムを共存させ錯綜していることを宮崎は指摘するが、中には「性役割の社会化」（要は「男/女らしくを重視する」こと）を明確に志向する教師も少数だが存在していた。

(23) 教師が「女子に甘い」ことの意味について、木村は示唆に富む考察を行っている。「女子に甘い」ということは、女子にとって批判されるべき時に叱責されず曖昧に「許される」ことになる。それは男子ほど「期待されない」ことの裏返しであり、他者からの否定的な反応や批判に対して自身で納得できるか判断したり、その判断にもとづいた対応ができるようになる訓練の機会を奪われていることを意味するという。一方、男子にとって教師からの厳しい対応が常態化することは、上司からの厳しい対応にも耐え、厳しい（業績主義的な）競争社会に勝ち進めるような「男」としての役割を学ぶことにつながる。教育期待が高い（＝教育達成を煽られる）と他者との競争を強いられ、プレッシャーが大きい環境で男子は過ごし、弱みを見せることも難しくなる。その一つの例として、厚生労働省が公表する自殺の統計（2018-2020）によれば、自殺した19歳以下男性（１２７５名）の自殺の「原因・動機」で「学校問題（30・７％）」の割合が最も高く（女性７６０名は30・７％）、そのうちの75・４％が「入試に関する悩み（55名）」、「その他進路に関する悩み（１１３名）」、「学業不振（１２７名）」であった（女性は57・１％）。

(24) 加藤・大久保・太田（2014）は、同じ「問題行動」であっても、性別によって生徒たちの評価が異なることを明らかにした。「教師への反抗」は男子よりも女子が起こす方が問題視されやすい一方、「生徒間トラブル」は女子よりも男子が起こす方が問題視され、男子よりも女子の方が問題視する程度が高かった。加藤らは、こうした性差を生み出す社会的関係を認識し、相対化することの重要性を訴えている。

(25) 授業者である女性教師は夫との育児負担のアンバランスさを生徒たちに話すが、それを聞いた生徒たちは「男は仕事、女は仕事と家庭」という従来とは異なる性別役割分業観を学ぶことにつながっている。

(26) 子どもたちがジェンダー秩序を形成する主体であることを明らかにした研究は数多く蓄積されている。やや羅列的な整理になるが以下に示す。藤田（2015）は、幼稚園児が主体的にジェンダー秩序を構築する担い手であることを描き出す。大滝（2006）は、幼稚園３歳児クラス集団における集団形成状況と幼児の性自認時期との間にある関係に着目し、幼児の性自認に関しては、教師との相互作用や特に子ども集団による影響が非常に強いことを明らかにしている。小学校に目を移すと、学童保育で男子たちが遊びに競争を取り入れ序列を作り出すなど、男子中心の空間づくりをしている（片田 2014）。中学校以降の研究も簡単に紹介しよう。不登校経験をもつ中学・高校生へインタビュー調査を行った青田（2006）は、女子は不登校とジェンダー規範との間に大きな軋轢を生起させない一方、男子は男性性の危機に遭遇する可能性を指摘する。羽田野（2004）は、中学校の柔道部を参与観察することで、〈身体的な男性優位〉

がいかに維持されているのかを明らかにする。近年では、上床（2011）が中学校の教室で男女が自他の行為を解釈する枠組み（＝「ジェンダー・コード」）に着目し、男子と女子のグループ間関係やその秩序維持のメカニズムを明らかにしている。

（27）「女性のアナウンサーは若い方がいい」という趣旨の発言が生徒からなされた際、その授業を見学していた校長は「まずい」と思い、授業者である新任教師へ授業後に助言をしたが、新任教師は何が問題かを認識しかねていた。それに対して校長は、「個人の裁量」を強調し、職階上の権力構造による強要と取られないように助言以上の働きかけをせず、教師個人にすべてを委ねる立場をとっていた（木村育恵 2014: 150）。

（28）変革的知識人を、「外部のより大きな社会の中で批判的な主体（critical agent）として機能していけるように、必要な知識や社会的技術を提供することで、生徒にエンパワーメントする、そうした対抗ヘゲモニー的教授法を生み出していくことだけでなく、彼ら生徒を変革的な行動がとれる人間に教育していくこともその役割に含まれる」（Giroux 1988＝2014: 40-41）とGiroux は定義する。変革的知識人としての教師に期待されることは非常に多い。「学校における、時間、空間、活動、そして知識を自らの手で組織することで学校の日常生活を組織していく、そのための方法を自ら形作ることができなくてはなら」（Giroux 1988＝2014: 42）ず、「教師は知識人として機能していくために、同僚とのカリキュラム作成、協働、研究、執筆の上で必要となってくるイデオロギーや構造的な環境を自らの手で生み出していかなくてはならない」（Giroux 1988＝2014: 42）ということである。こうした役割を遂行していく上で教師は、自らの価値観とも批判的に対峙することになる。

教育者は自身が持つ価値観やイデオロギーから逃れていこうとするよりも、むしろ社会がそれらを個人の価値観やイデオロギーとしていかに形成していっているのか、個々は今何を信じているのか、そして生徒たちやその他の人々によりポジティブな効果を構築していくにはどうしたらよいのか。これらを理解していくために、批判的に自分の価値観やイデオロギーと対峙していくべきなのである。別の表現をすれば、特に教師と行政官は、階級、ジェンダー、人種の問題が、どのくらい自身の考え方や行動に影響を与えているのか理解しようと試みなくては

ならないのである。（Giroux 1988＝2014: 60–61）

（29） 本章で扱っているものは、Giroux の思想の一部分であり、彼の思想は、Freire の解放教育学からの系譜、Gramsci のヘゲモニー論や有機的知識人の思想、Laclau・Mouffe のラディカル・デモクラシー論等と関連させながら広く展開されており、日本でも Giroux 研究は盛んに行われている（松岡 2000; 上地・他 2003; 市川 2008; 2012a; 2012bなど）。本書は、Giroux の思想を考察することが目的ではなく、そのエッセンスを援用する。

（30） Giroux の教育者像に対する批判は、教育者の押しつけに陥ってしまう危険性、教育者も学習者も理性的存在として扱われていること、抽象的議論に終始することで実践的・状況的なものを看過していること、などが挙げられる（澤田 2008; 早川・他 1998; 市川 2008; 2012b）。

（31） 〈境界〉は「複合的な文化、言語、リテラシー、歴史、セクシュアリティ、アイデンティティが共に混じりあう（時に衝突する）ことを理解するために、絶え間なく、そして重大な指示対象物を提供する」（Giroux 2005: 2）。

（32） 藤原（2000）はフェミニスト・ペダゴジーと Giroux のクリティカル・ペダゴジーの議論を整理し、個々人の私的領域における構造化された経験的なものを中心的に位置づけ、「ジェンダー化された境界枠 "gendered border"」を認識する必要性を指摘している。例えば、Cubero et al.（2015）は、スペインの Gender Equality プランを推進する教師たちとのグループディスカッションの中で、教室内での生徒との相互作用において差別的な対応を経験したことのない男性教師と、日常的に経験している女性教師との間でコンフリクトが起き、女性教師が不平等の「可視化（visualization）」を用いて交渉する様子を描き出している。

（33） 例えば、白人男性で中流の労働者階級に属していることが、アフロ・アメリカンや女性として語ることはできなくとも、境界を越え、他の境界と交流することで、越境者は人種問題や女性問題を道徳的、政治的、公共的な問題として他者に語ることが可能になる（上地 1997: 51）。

（34） フェミニスト・ペダゴジーの概観を整理しながら、解放教育学の共通点と相違点を指摘したWeiler（1991＝2000）によると、フェミニスト教育者たちは自らの教育学や目標に最も近い理論家としてフレイレを挙げることが多く、一般的にフェミニスト・ペダゴジーとフレイレ派は双方ともに社会変革のビジョンを基礎とし、抑圧、意識、歴史的変化について共通の認識をもっているという。ただし、フレイレの教育学では、抑圧や支配が同時に矛盾関係を孕むという可能性を探求できないこと、抑圧経験が共通であることを前提にしていること、教師の権威と権力の問題を不可視化していることに問題がある。そして、フェミニスト・ペダゴジーがフレイレ派や他の解放教育学を充実・発展させる方法の要点として、①教師の役割と権威に関する側面、②個人的な経験や感情を知や真理の土台として認めるという認識論的側面、③「差異」の側面を挙げている（Weiler 1991＝2000: 104-15）。

（35）当事者経験の資源化、批判的な思考力は、フェミニスト・ペダゴジーや男女平等を目指す教育にのみ有効なわけではなく、他のマイノリティ問題や差別問題を考える上でも非常に重要な要素である。例えば、「被差別部落」や「貧困」に対する社会的課題をこの2要素を踏まえながら考察し（当事者経験を無視して自らの理念を押しつけないことや、自らの経験や思考を別の観点で考察することなど）、学びを深めることで、ジェンダーをめぐる教育課題へも関心が拡がる可能性もある（被差別部落や貧困において、女性がより劣位に置かれていることに気づくなど）。反対に、ジェンダーに関する学びが、他の社会的課題の認識へ接続することもあろう。社会の諸課題を考える際、各課題が独立して存在しているわけではない。ただし、ジェンダーに関しては以下の特徴がある。どの社会課題であっても、広義には誰もが当事者かもしれないが、ジェンダーはより狭義に、もしくは直接的に人々へ当事者性を付与する。なぜなら、現代社会を生きる上で「性別」は不可避に与えられ、それを完全に無視することは難しく、だからこそ、性別と切り離せないジェンダーをめぐる教育課題に関しては、「男／女であること」に誰もが関係づけられ、当事者にならざるを得ないからである。

（36）実践におけるフェミニスト・ペダゴジーは非常に多様なため、その意味を正確に定義することは難しいが（Weiler 1991＝2000: 455）、野崎（2000）は『Women's Studies Quarterly』が1987年に組んだ「フェミニスト・ペダゴジー特集」から具体的な方法をまとめている。

（37）Newbery（2009）は経験を重視することで議論の可能性を閉ざす危険性を指摘する。また、経験を話すことは教室空間が「安全」であるという理想的な前提が置かれているが、中立的で「安全」な文脈はあり得ないことも指摘している。「安全」である教室空間を形成するには教師にとって時間や労力を要するだけでなく、学級内の関係性によっては教師の存在が無力化される場合もあることを考えると、こうした前提を無条件に置くことは現実的ではないだろう。

(38) Huston 引用部分は全て河上(2005)の訳を引用している。

(39) Huston は、公教育ではジェンダー・バイアスを払拭することに関して合意形成があることを述べている。ただし後述するように、「何をもってバイアスとするのか」は容易に合意形成がとれないと河上(2005)は指摘する。

(40) 大学の専攻分野における男女比の偏り、持ち物や遊び内容の選択など。

(41) 具体的な実践については、川合(2000)、岸澤(2000)を参照されたい。

(42) 木村涼子(2005)や日本女性学会ジェンダー研究会(2006)に当時の詳しい状況がまとめられ、バッシング現象に対して反証している。その象徴的な事例として、七生養護学校の性教育実践に対するバッシングが挙げられる。養護学校で行われていた実践の一部分を文脈から切り取り、「過激な性教育」を行ったとして複数の東京都議らが批判し、東京都教育委員会が当時の管理職や教師に対して処分を行うに至る。一連の処分が教育に対する不当な介入として、元校長や元教員らが提訴し、最高裁まで争われ、原告側である元教員らの主張が認められている(『朝日新聞』2010年2月25日朝刊東京西武35面「元校長の処分取り消し確定」、『朝日新聞』2011年9月17日朝刊東京37面「二審も『都議の不当支配』元教諭の主張認める」、『朝日新聞』2015年1月8日朝刊都28面「性教育判決意義知って」)。

また、2005年4月には、安倍晋三等幹事長代理が座長、山谷えり子参議院議員が事務局長となって、自民党が「過激な性教育・ジェンダー・フリー教育実態調査プロジェクトチーム」を立ち上げ、「実態調査」やシンポジウムを行い、2007年まで活動を続けている。こうした政界の動き、マスコミやネットメディア、書籍からのジェンダ・フリーに対する「バックラッシュ」が繰り広げられる最中、内閣府は2004年4月に、ジェンダー・フリーという言葉を「使用しないほうがよい」という考えを示し、2005年12月に決定された第二次男女共同参画基本計画において、ジェンダー・フリーという用語を国として使用しない趣旨が記載される。そして、第二次基本計画に伴う自治体への連絡において、ジェンダー・フリーは使用しないようにという趣旨の通知が2006年1月に出され、これを契機に国、地方ともに行政主催のプロジェクトからジェンダー・フリーの言葉が消えることになる（山口・荻上 2012: 19-38）。ただし、ジェンダー・フリーという概念が問題も孕んでいたと山口・荻上（2012）は指摘する。Huston は、ジェンダー・センシティブを提唱しているが、ジェンダー・フリーの方策については適切なアプローチではないとしていたにもかかわらず、日本で紹介される際に、Huston がジェンダー・フリーを推奨しているかのように誤読されてしまったという。その後も誤読が訂正されずに、様々な使用法、説明によってジェンダー・フリーという概念が混乱してしまう（山口・荻上 2012 2012: 8-18）。この指摘を踏まえるなら、ジェンダー・フリーを推奨する側の「バックラッシュ」への対応も一貫したものではなかったのかもしれない。

(43) バックラッシュ過渡期の２００５年以降に報告されている「両性の自立と平等をめざす教育」を見ると、固定的な性別特性や性別役割分業観を相対化し「自分らしく生きる」等をテーマにしたものから、デートＤＶ、制服問題や労働問題に関すること、男性教員の育児休業報告など、非常に多様な実践が展開されている。また、バッシングの中心対象であった性教育の実践も地道に実践が蓄積されているが、これらの実践は「体のことを知る」や二次性徴を学ぶだけにはとどまらず、人間の「性（セクシュアリティ）」に焦点が当てられ、多様なテーマが展開されている。

(44) 例えば、名簿や整列、座席配置で性別カテゴリーを使用しないこと、教師集団の性別役割分担を解消することなど。

(45) ただし、多賀（2016）が主張する「ジェンダー関係の多元性と多層性」パラダイムに立脚した場合、最終的には男性優位のジェンダー秩序が維持されている社会であっても、全ての学校が必ずしも男性優位であるとは言えない。

(46) 従来の「ジェンダーと教育」研究で語られてきた（教師へ求められてきた）ジェンダーをめぐる教育課題へ対抗するための教育実践は、このジェンダー・センシティブな視点がほとんどもれなく含まれている。しかし、後述するように、ジェンダー・センシティブな視点をもたずともジェンダー教育実践は成立することもあり、また、「ジェンダー・センシティブな視点をもつこと」そのものにも議論の余地があるため、本書ではジェンダー・センシティブな視点を包含しているジェンダー教育実践を使用する。

(47) 教師個人が担任学級や担当教科で個人的にジェンダー教育実践の授業を行う場合、完全にはフォーマルなものと言えないが、授業は教育課程に位置づけられているため、ここではフォーマルなものとして扱う。

(48) この「インフォーマル×センシティブではない」教育実践は、意図的に行われているわけではないため厳密には教育実践とは呼びがたいが、本書では便宜的にこの名称を用いる。

(49) 高島(2014)によれば、北海道で勤務する小学校教師たちの学年配置には、女性教師の中で低学年担当の割合が高いというジェンダー・バイアスがみられるものの、教師たち自身は「管理職による職務の配置に、ジェンダーによる偏りがある」に「まったくない」が26・4%、「あまりない」が54・3%と答えている。このことからも、ある事象をジェンダー・バイアスであるかどうかを判断する基準が事前に共有されているわけではないことが分かる。

(50) 従来の「ジェンダーと教育」研究が〈教師〉個人を軽視していたわけではなく、ジェンダーを「再生産する担い手」の側面を描くことに重点を置いていたため、〈教師〉であることを議論することが少なかったと考えられる。

(51) だからと言ってジェンダーの教育課題が再生産されていることを批判してはならないのではなく、〈教師〉たちが行う教育実践をより広い文脈で捉え、単に批判対象とするのではなく、その教育実践の成果をふまえた上でジェンダー教育実践をすすめていく必要がある。

(52) 機縁法を用いた理由として、教師教育の牽引役である教育大学を調査対象にすること、特定の学部・学科に偏りなく当該大学の教職課程に所属する学生を網羅的に把握すること、ある程度座学を終えたであろう3年生以上を調査対象に含むこと、以上3点を確実に行うためである。

(53) 2010年度の国勢調査によると、A市の18歳未満の子どもを抱える世帯における「ひとり親世帯」の割合は約13%であり、当該県全体と比較してもそれほど大差はない。ただし、これは市内全体の平均値であることに留意が必要である。Z小の校区には「しんどい」家庭の他県からの流入が多く、「しんどい」層を前提にした取り組みが多くなされているとZ小の教師たちは語っていた。

[コラム①]「さん」で統一すること

ジェンダー教育実践の具体例としてもよく登場する「呼称の統一」は、教師が児童生徒の呼称を用いる際、性別にかかわらず「さん」づけで統一して呼ぶことです。児童生徒が他のクラスメートを「さん」で呼ぶように指導するかはここでは問いません。一見「些細なこと」のように思えますが、教師の「かまえ」を考える上で重要な実践です。

同じ赤ちゃんを「女児」と紹介するか「男児」と紹介するかで、大人から赤ちゃんへの働きかけ（声かけや遊び道具）に差がみられることを明らかにしたベビーX実験という研究があります（Swavey et al. 1975）。この実験は、私たちが「性別」という情報だけで、赤ちゃん（他者）への働きかけが異なってしまうことを示唆しています。

呼称を統一しない場合、ある児童Aが女子であれば「さん」、男子であれば「くん」と呼び分けることが一般的でしょう。お気づきかもしれませんが、名前を呼ぶ前に「性別」を判断し、わざわざ呼び分けることになります。前述の実験が示すように、私たちは「性別」という情報だけで他者への働きかけを変えてしまいます。名前を呼ぶ時点で「性別」を判断して呼び分けているわけですから、それ以外の児童生徒への働きかけも「性別」をもとに異なっている可能性があります。呼称を統一すれば教師の働きかけがジェンダー化されていないわけではありませんが、名前を呼ぶことは児童生徒へ働きかけを行うスタート地点なので、その地点の「かまえ」をジェンダー化しない工夫として、呼称の統一は有効だと考えられます。

図1-8で3象限に「呼称の統一」が登場して戸惑われた方もいるでしょう。呼称を統一すればいいだけですから、ジェンダーに「センシティブ」である必要はありません。ただ機械的に「さん」で統一しているだけでも、形式上はパッケージ化されたジェンダー教育実践になり得ます。機械的ではあっても、「性別」で呼び分けるよりは学校でジェンダーを再生産しない上で有効だと考えています。一方で、「性別」という情報が私たちの実践を左右してしまうことを研修等で学んだ上で「呼称の統一」へ学校・学年で取り組むことになれば、「フォーマル・センシティブである」ジェンダー教育実践となるでしょう。仮に教師個人が取り組むことになれば、「インフォーマル・センシティブである」ジェンダー教育実践となります。

当然「呼称の統一」だけですべてが解決するわけではないですが、何の準備も必要なく「明日から始められる」という意味では非常に取り組みやすいジェンダー教育実践だと考えています。

第2章

教師教育は「変革の担い手」育成に寄与しているか

第1節　教師教育における学び

本章では、教師を目指す者たちがジェンダー教育実践に関する学習機会をどの程度有しているのかを明らかにする。なぜ教職課程における学習機会へ着目するのかというと、大きく二つの理由がある。

第一に、Connellが「ジェンダーは、意識的に取り上げられない限り、存在しないも当然である」（Connell 2002＝2008: 94）と述べるように、学校現場に長年いれば自然とジェンダーをめぐる教育課題に気づくわけではなく、意図的な学習機会が必要となる(1)。ジェンダー公正な社会を目指す上で、学校教育、特に教師の役割が重要なことは言うまでもないが、教師がジェンダーをめぐる教育課題に関する知識をもっていなければ、そもそも「何が問題となっているのか」がわからない。仮に学習機会が提供されていない中で、ジェンダー教育実践を行うことや「変革の担い手」となることを教師へ求めるならば、よほど関心を持った者しか携わることはないだろう。

第二に、ジェンダーに限らず、教育に関わる知識や実践を提供する教師教育は、大学における教職課程、勤務校における校内研修、法定研修、個人による学習など、多様な場がある。その中でも教職課程は教師になる上でほぼ必ず通る道であり、教員免許法によって教職課程の履修科目が制定されている以上、大幅なカリキュラム変更が頻繁に起こりにくいことから、近年教師になった、あるいは今後教師になる者がどの程度ジェンダーをめぐる教育課題に関する知識の学習機会を有していたかを一定程度把握することが可能である。

さて、「ジェンダーと教育」研究で重視されているジェンダー・センシティブな視点は、その前提にジェンダー・バイアスの存在を認知していることが含まれている。さらに言うならば、そもそも「ジェンダー」という概念を知っていることが必須であろう。多賀・天童（2013）によると、日本の教育社会学におけるジェンダー研究は着実に主流へと移行しつつあるという。近年の教職課程の教科書においても、各章のタイトルに「ジェンダー」という文言が見られるようになっている。[2] このように、大学教育を（部分的とはいえ）支える学問領域や教職課程の教科書においてジェンダーが扱われる傾向にある中で、教師を目指す学生はジェンダーに関連した科目を受講しているのだろうか。

これまでにも、大学におけるジェンダーの学習機会（亀田・他 1998; 内藤 2003）、教員養成を担う大学がジェンダー・バイアスを再生産する構造を内包していること（佐久間・他 2004）、性別特性を強調する態度をもつ学生の意識変革の契機が少ない状況（村松・他 2006）などが明らかにされてきた。しかしながら、教職課程に所属する学生が、ジェンダーに関する内容を学習する機会が実際にどの程度あるのか、また、ジェンダーに関する知識や視点をどの程度有しているのかという実態を明らかにしたものは少ない。本章では、教員免許取得を目指す学生に焦点を当て、「ジェンダーに関する学生の学習状況」、「『ジェンダーと教育』に対する知識」、「ジェンダーの問題に関する配慮の必要性」についての意見、の三点を明らかにしてきたい。

調査の概要

調査は2008年4月～7月にかけて、11の大学（国立教育大学5大学、国立大学3大学、私立大学3大学）の協力を得て、教職課程を履修する学生へ行った。各大学の教員に依頼し、授業時、もしくは教育実習の事前指導時に質問紙を配布・実施・回収してもらった。[3] 質問紙の内容は、「ジェンダーと教育」に関する知識と、「ジェンダーと教育」を扱った授業（以下、ジェンダー関連科目とする）の中で受講してきた科目名・教員名、ジェンダーの視点の必要性に関しての意識などである。今回の調査で、対象となった学生数は1306名である。学年構成は、2年生315人（24・1％）、3年生592人（45・3％）、4年生311人（23・8％）、院生・他88人（6・7％）である。[4]

第2節　教職課程に所属する学生の学び

第1項　学生たちのジェンダー関連科目履修状況とジェンダーに関する知識

図2-1に示したように、3人に2人はジェンダー関連科目の受講経験がない。

次に、ジェンダーに関する諸概念10項目について説明できるかどうかをたずねた11大学全体の回答結果をみると、「セクシュアル・ハラスメント」は8割以上、「ジェンダー」と「性同一性障害」に関しても6割以上の学生が説明できるとの回答だった。反対に、ジェンダーをめぐる教育課題を考える上で重要な概念の一つである「隠れたカリキュラム」は2割を下回っている（図2-2）。[5]

同様に、「ジェンダーと教育」に関する内容9項目を知っているか質問した結果、「戦前の女子教育について」以外の項目は3割を下回っていた（図2-3）。「ジェンダーと教育」研究において蓄積されてきた知

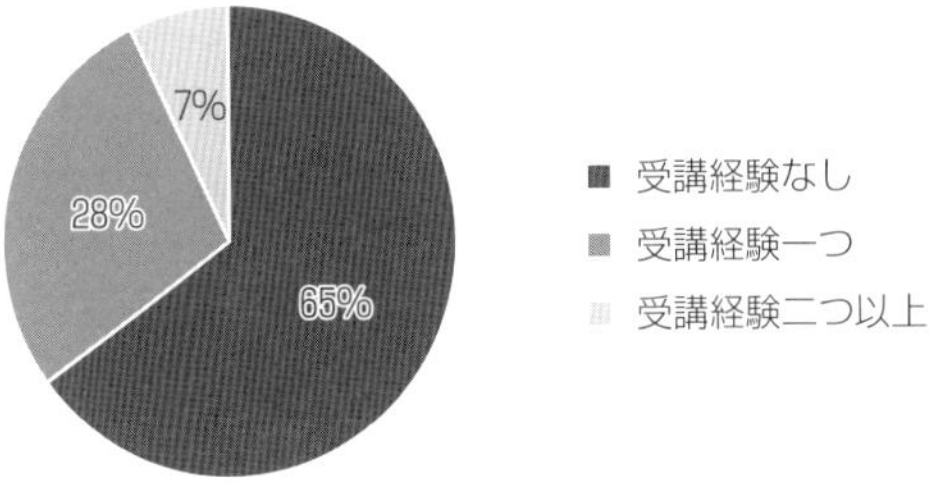

図２-１　ジェンダー関連科目の履修状況（n＝1306）

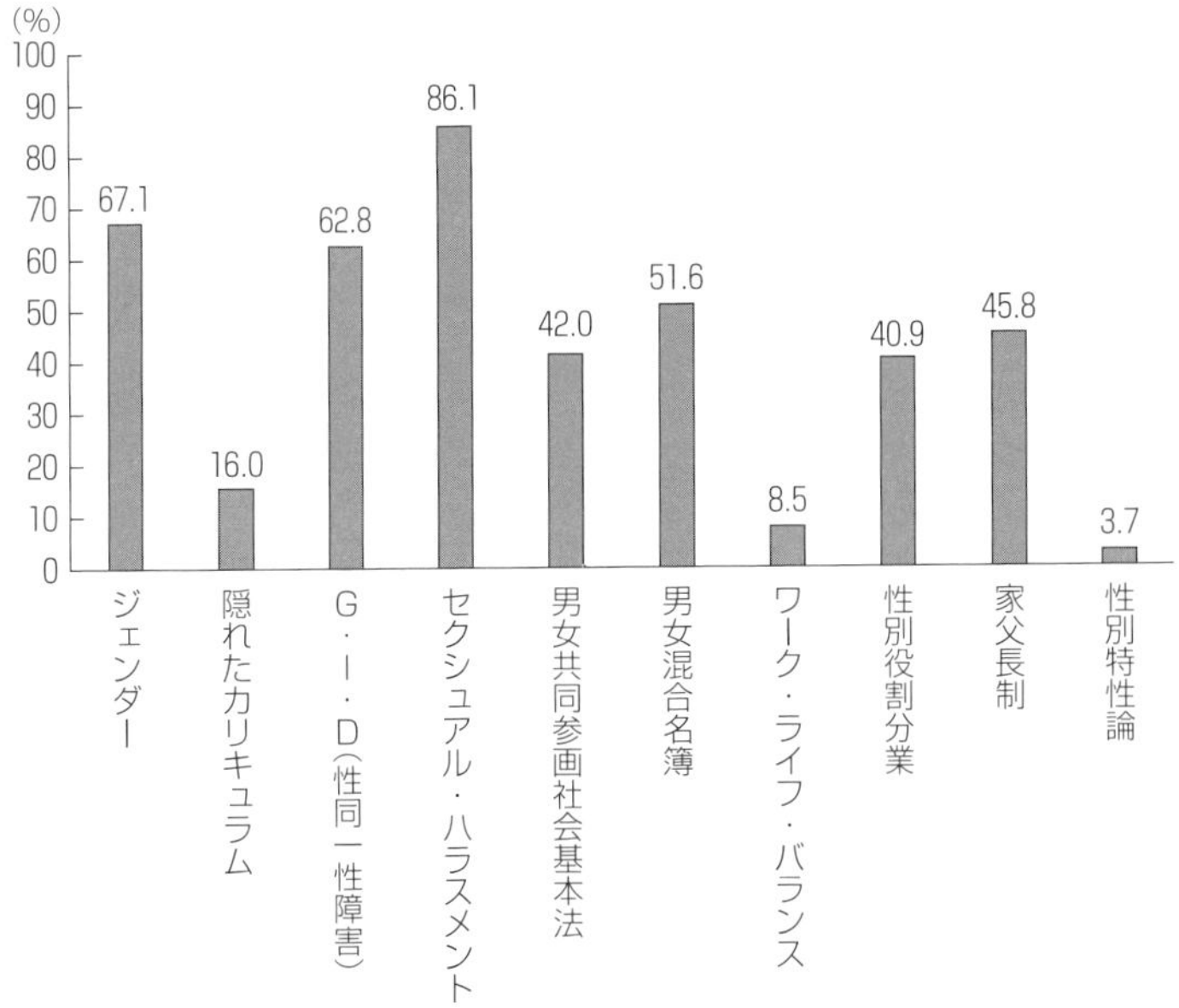

図２-２　ジェンダーに関する概念について「説明できる」と回答した学生の割合

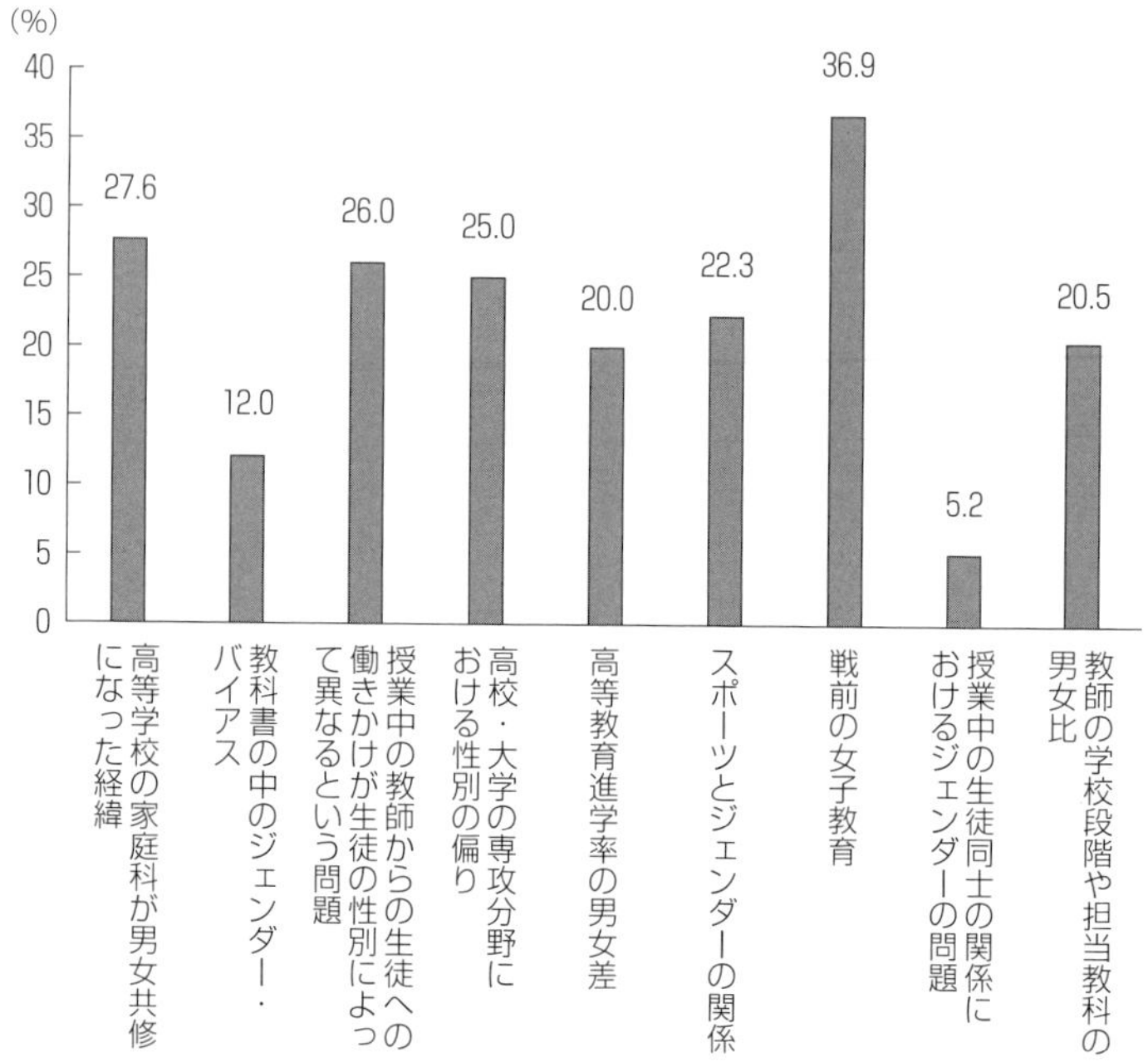

図2－3　「ジェンダーと教育」に関する知識について「知っている」と回答した学生の割合

見は、教職課程に所属する学生にとって馴染みのないものとなっている。

最後に、ジェンダー関連科目の受講経験別に各項目の回答傾向を比較したものが図2-4、図2-5である。概念の説明に関して、「セクシュアル・ハラスメント」以外の項目は、受講経験が増加するにつれて各項目の認知度が増加しており、ジェンダー関連科目が一定の教育効果を持っていることが推測される。「隠れたカリキュラム」を説明できる学生は「受講経験二つ以上」でも20％を超える程度であるが、「ジェンダーと教育」に関する知識で「隠れたカリキュラム」に関わる「教科書のジェンダー・バイアス」、「教師からの働きかけ」、「専攻分野の偏り」、「進学率の男女差」、「生徒同士の関係」、「教師の男女比」は、大半が30％を超えて

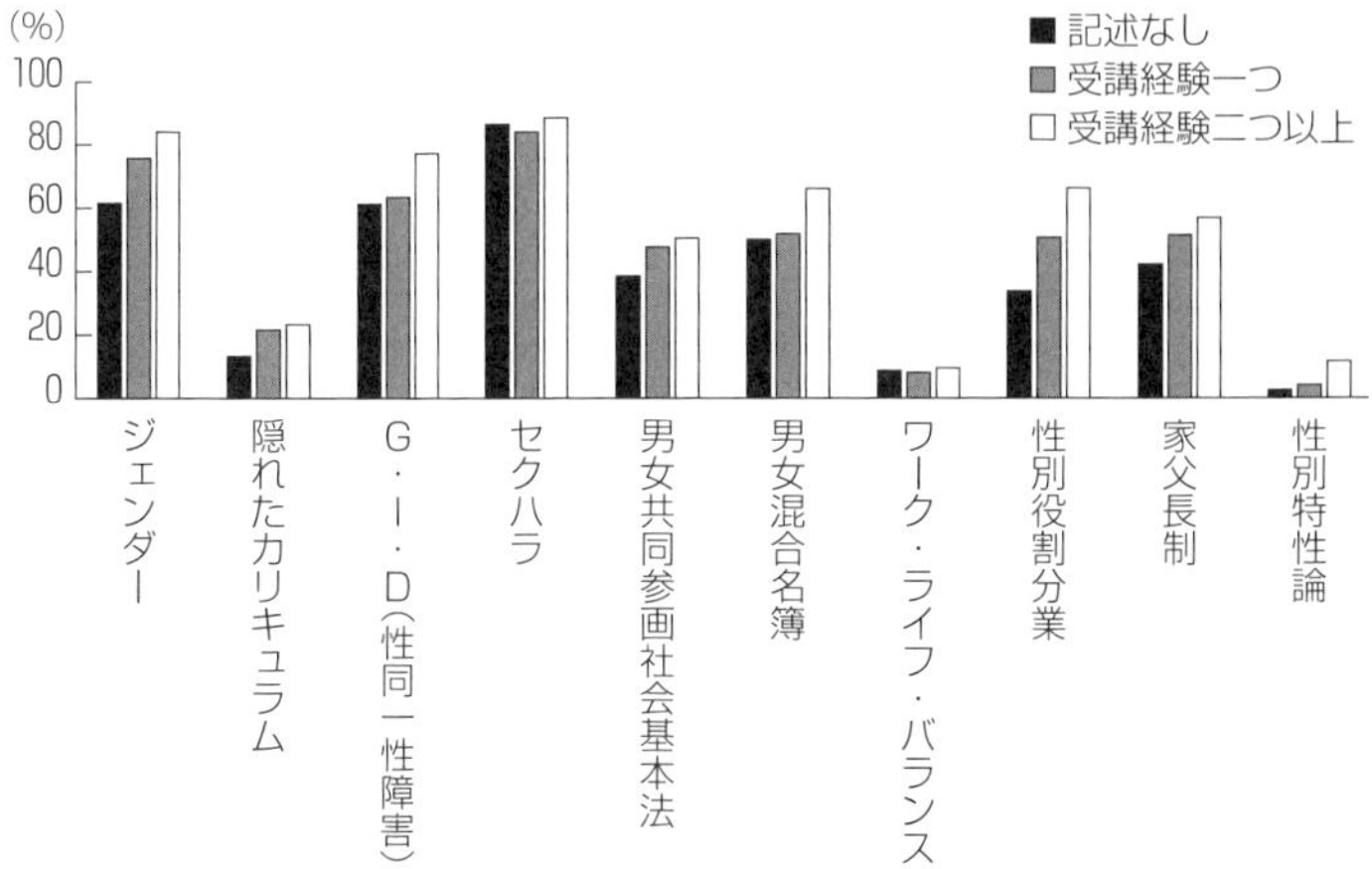

図2－4　受講経験別にみたジェンダーに関する概念について「説明できる」と回答した学生の割合

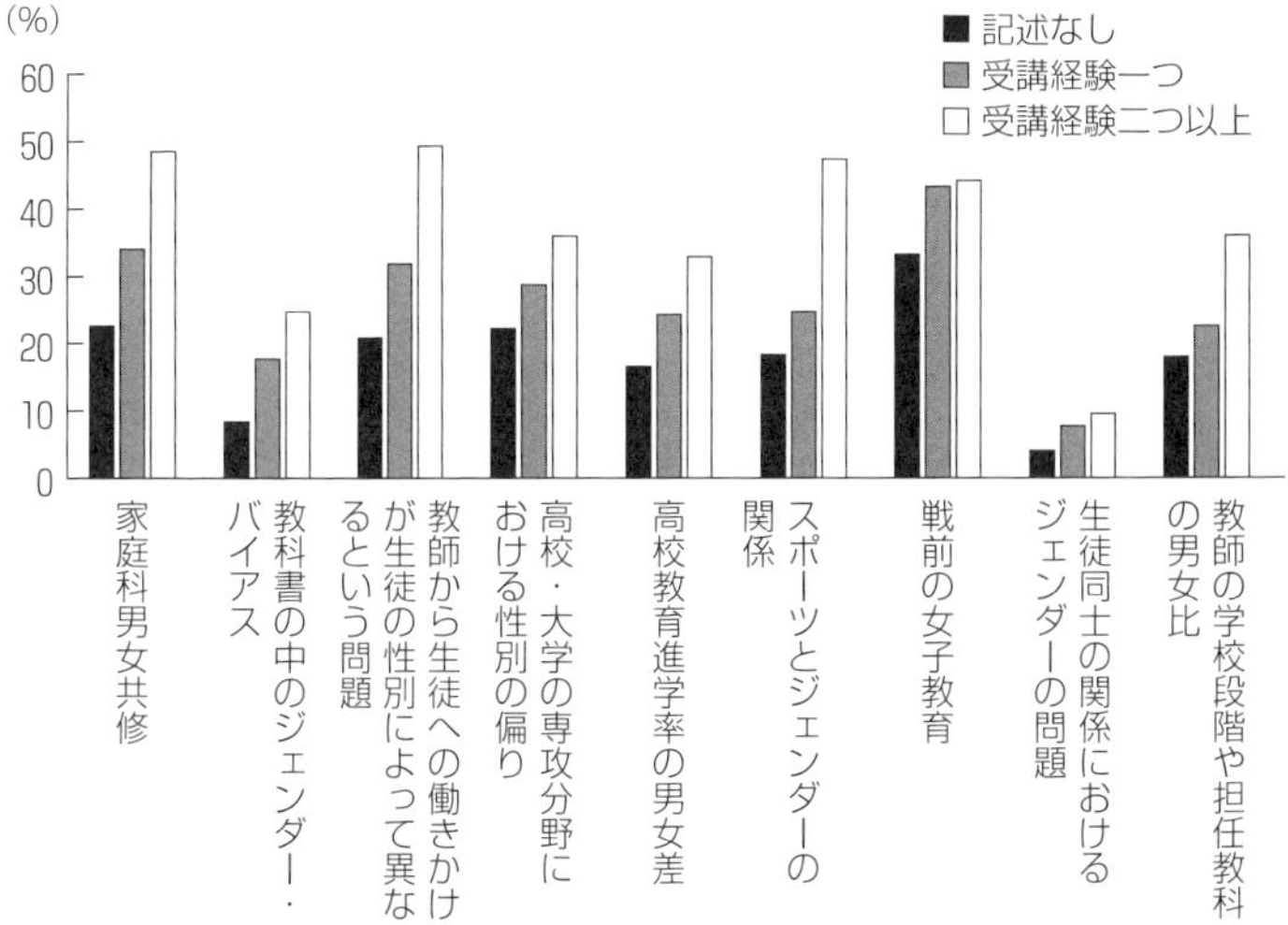

図2－5　受講経験別にみた「ジェンダーと教育」に関する知識について「知っている」と回答した学生の割合

いる。しかし、「受講経験二つ以上」の学生であっても、「ジェンダーと教育」に関する知識の認知度が50％を越える項目はない。このことは、「学んだからといって知識を獲得できるとは限らない」ということでもあるが、教職課程におけるジェンダー関連科目の位置づけにもその要因があると考えられる。次に、そのことについて見てみよう。

第2項　ジェンダー関連科目の位置づけにみられる偏り

ここでは、特定の授業という限られた状況ではなく、教育実習の事前指導時のように学生の所属にそれほど偏りがなく、ある程度座学を終えたであろう3年生以上の学生を対象としたA国立教育大学・B国立教育大学・C国立教育大学の3大学を扱う(6)。

図2-6は、3大学の学生が受講したジェンダー関連科目名、もしくは担当教員名が記述された数を、各大学のシラバスや履修の手引き等を参照して一覧にしたものである(7)。3大学とも家庭科分野の記述数が一番多い。家庭科分野に次いで記述数が多かったものは、B大学では社会科分野、教養科目、A大学とC大学では教職科目であった。教職課程カリキュラムは授業内容に対する担当教員の裁量権が良い意味で大きく、大学ごとに学習内容のばらつきがあることは特に問題ではないだろう。

しかし、ジェンダー関連科目が家庭科分野へ偏りがあるということは、二つの意味で問題がある。第一に、小学校教員免許取得を目指す学生であれば全教科について学ぶため、家庭科分野を学習する機会もあるが、中学校・高等学校教員免許取得を目指す学生の場合、家庭科に所属していなければ家庭科分野の科目を履修する機会はない。そのため、ジェンダー関連科目を履修する機会が非常に限定された形で提供されることになる。第二に、ジェンダー関連科目の位置づけが家庭科へ偏ることは、「家庭科でジェンダー

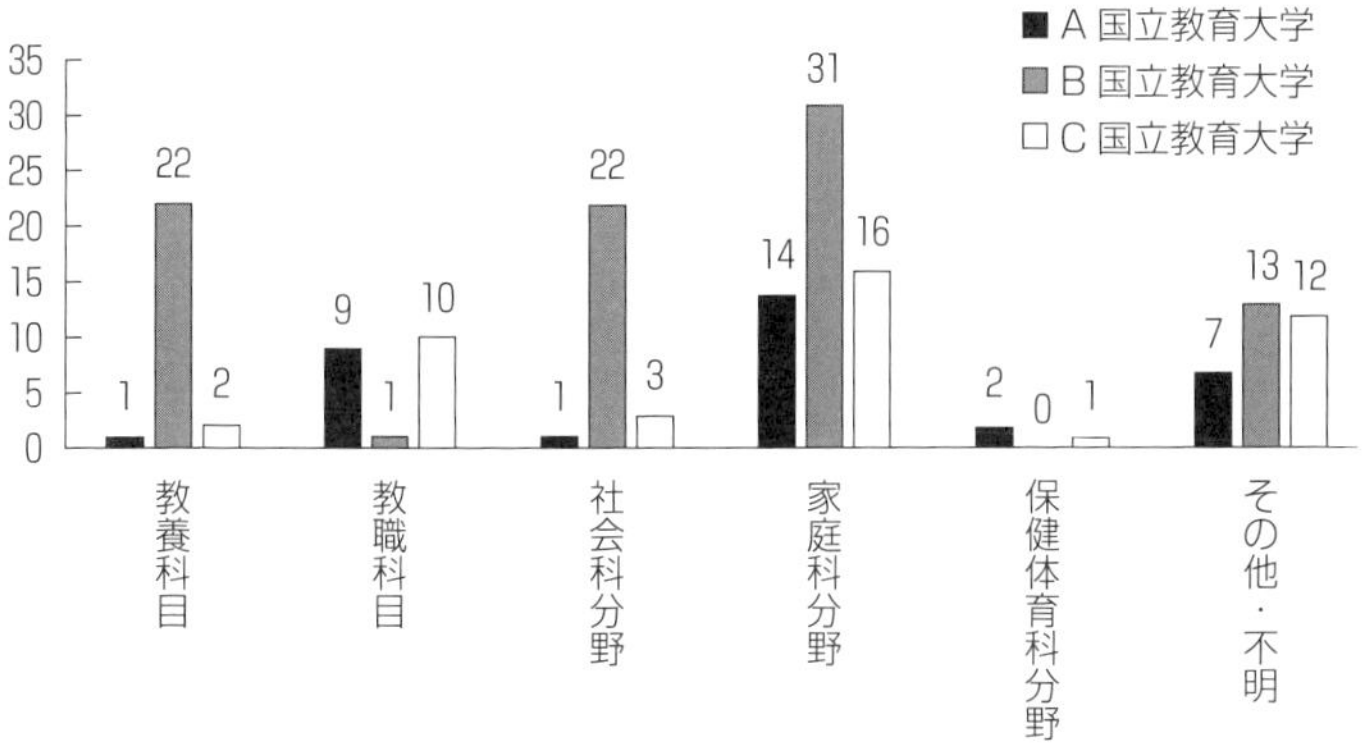

図２−６　ジェンダー関連科目の位置づけ・教員の所属

に気をつければよい（子どもに授業すればよい）」という固定化されたメッセージを発信してしまう可能性もある。

また、家庭科の科目であれ、教職科目であれ、ジェンダー以外にも扱うべき内容が多岐にわたるため、「ジェンダー」を扱う内容、時間ともに限定的となってしまう。実際に授業を観察したわけではないのであくまでも推測の域を出ないが、家庭科分野において「家庭科の女子のみ必修」や性別役割分業、ワーク・ライフ・バランスなどは扱われやすいと考えられる一方、「ジェンダーと教育」に関わる知識は入門的な内容で終わってしまう可能性もある。入門的な内容を超えて学ぶためには、授業内容の中心がジェンダーとなっている科目を履修する必要がある。しかし、３大学で記述されたジェンダー関連科目において、「ジェンダー」を冠にしたものは、B大学で10人、C大学で２人、A大学に至っては０人であった。教育に関連した学びを中心に構成される教育大学においてジェンダーを冠にした科目が少なく、学習内容がジェンダー以外にも多数ある家庭科分野や教職科目の中でジェンダー関連科目が位置づいているならば、「ジェンダーと教育」に関する知識も限定的となるだろう。

第3項　「ジェンダーに関する配慮の必要性」を学生はどのように考えているか

ここまでジェンダー関連科目の履修状況、学生の知識についてみてきた。端的に述べるならば、ジェンダーをめぐる教育課題に関する知識は限られた人たちのみが有しており、ジェンダーそのものを学ぶ機会も十分に提供されているとは言い難い状況である。とはいえ、学習機会や知識が十分になかったとしても、そのことが自動的にジェンダーを再生産する担い手へとつながるわけではない。「ジェンダー」を説明できると回答した学生が約3人に2人いることから、ジェンダーに関する問題意識をもつことは可能であろう。それでは実際、教職課程に所属する学生は、どのような考えをもっているのだろうか。

「学校教育の中でジェンダーの問題に関してどのような配慮が必要か」について、学生に自由記述で回答してもらった（688人）。「ジェンダーの問題への配慮」といった場合、その具体的な内容は必ずしも明確ではない。多賀（2016）は学校教育とジェンダーに関わる様々な主張を整理し、「ジェンダー保守主義」、「ジェンダー平等主義」、「ジェンダー自由主義」の三つのタイプに類型化している(8)。本項では、学生が自由記述した「ジェンダーの問題への配慮」に関する内容を考察する際に、多賀の分類を参照する。

自由記述の内容からタイプ分けを行ったところ、以下の五つの「平等志向タイプ」、「過剰な配慮否定タイプ」、「個人の尊重タイプ」、「男女は違うタイプ」、「配慮不必要タイプ」といったカテゴリーが析出された。「平等志向タイプ」、「過剰な配慮否定タイプ」、「個人の尊重タイプ」、「男女は違うタイプ」の四つは、「ジェンダーの問題への配慮」を必要だと考えているタイプである。その中でも、「平等志向タイプ」、「個人の尊重タイプ」、「男女は違うタイプ」は多賀の分類を適用することができ、「過剰な配慮否定タイプ」はその分類に当てはまらないタイプである。

①平等志向タイプ（136人）

・男女差別をしない。
・男女違った対応をしないように心がける。(9)
・男女平等に接する。

「平等志向タイプ」は、男女で異なる対応や差別が生まれないように注意し、男女平等を目指す記述である。このタイプでは、具体的な内容を示さず抽象的な表現に留めて「男女平等」を志向する記述（以下、「抽象的男女平等」とする）と、教師と児童生徒の相互作用に焦点を当て「男女平等」を志向する記述（以下、「相互作用での男女平等」とする）とに大きく分けられる。前者は固定的で非対称な性別の在り方の是非を明確にしておらず、「ジェンダー保守主義」と「ジェンダー平等主義」のいずれの立場であるかを判断することが難しい。後者は、相互作用場面において一方の性に不利益をもたらすことのないように心がけている点から、「実質的平等」の立場の一部分をとっているようにもみえる。

図2-7、図2-8は、ジェンダーに関する概念について「説明できる」と回答した学生の割合、「ジェンダーと教育」に関する知識について「知っている」と回答した学生の割合を各タイプ別に比較したものである。(10)「ジェンダーと教育」に関する知識は、他のタイプに比べて高い項目も存在するが、2〜3割程度の認知度に留まっている。

「抽象的男女平等」を志向する学生は、図2-8の項目に対して、「認識しているが仕方のないこと」と考える場合は「異質平等論」、「認識しており問題視している」場合は「平等主義」の立場をとっていると考えられるが、この調査からそこまで判断できない。ただし、「相互作用での男女平等」の学生のみを抽

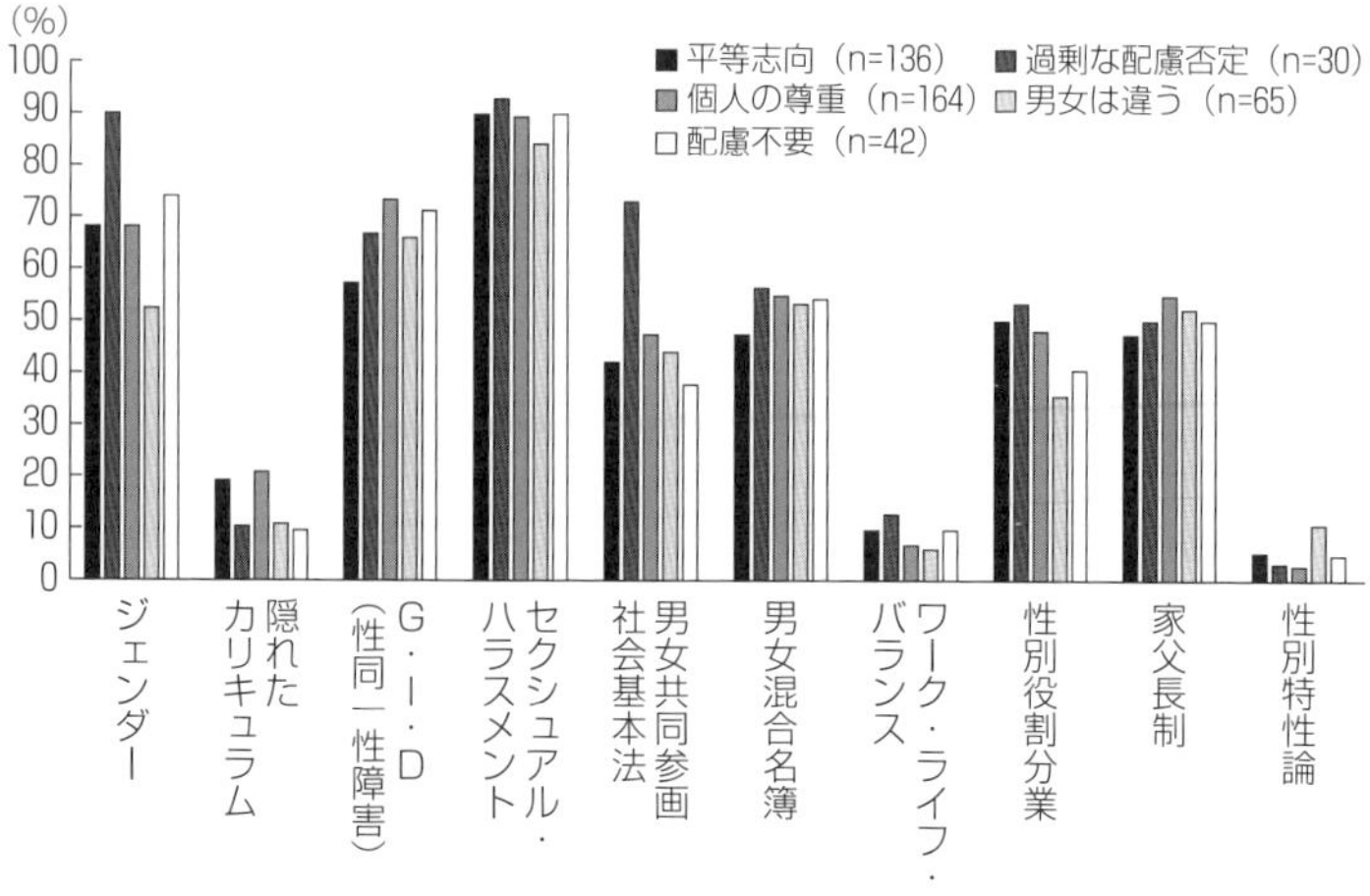

図2-7　ジェンダー概念に対する認識のタイプ別比較

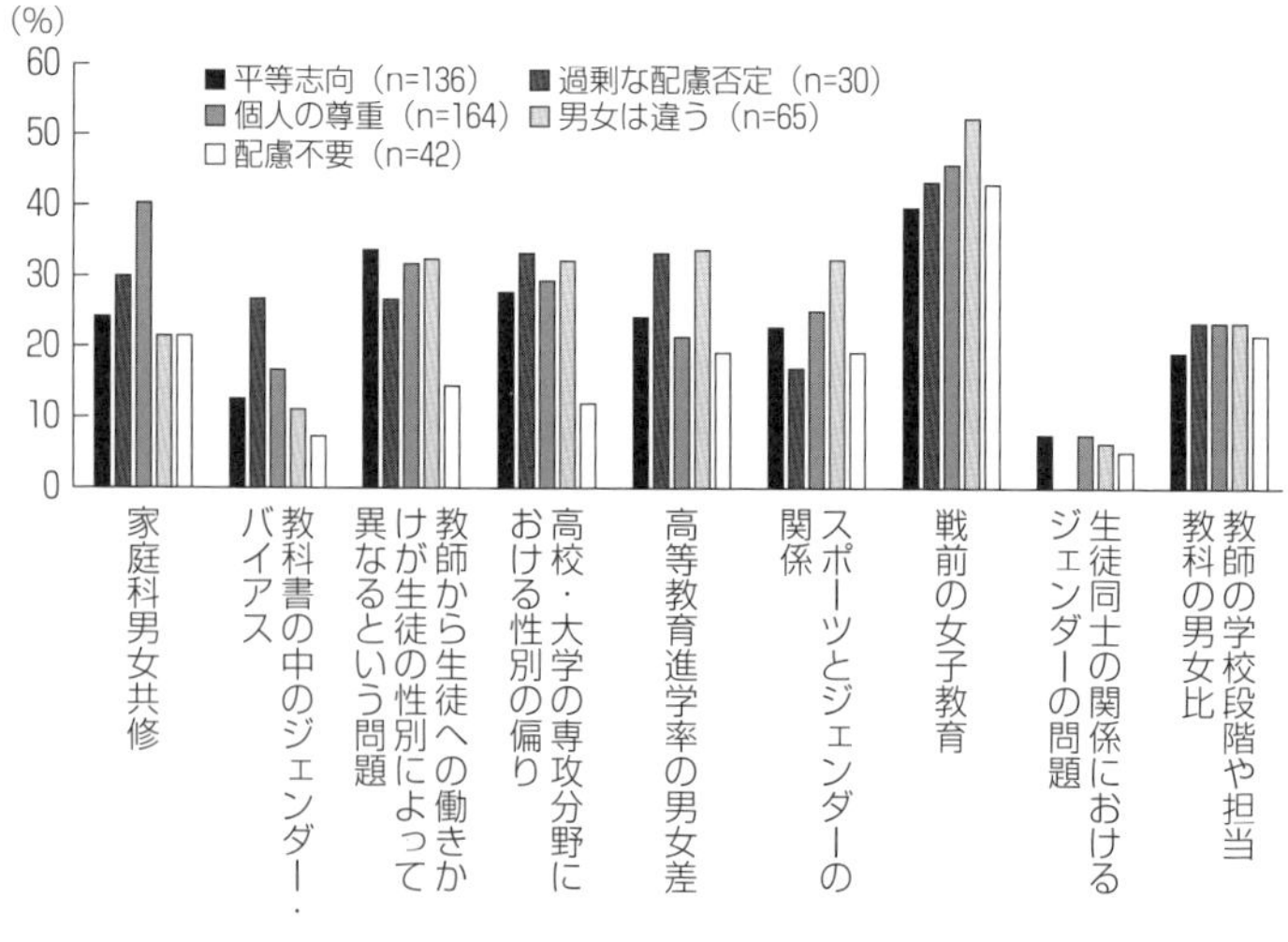

図2-8　ジェンダーと教育に関する知識のタイプ別比較

出すると、「教師の働きかけが生徒の性別によって異なるという問題」の認知度が32・7％であり、約3人に1人程度である。[11]「相互作用での男女平等」を志向する学生が、「教師の働きかけが性別によって異ならないようにする」と考えることは、ジェンダーをめぐる教育課題を知っているからというよりも、「教師は全ての子どもに平等でなければならない」ということから生まれている可能性もある。そうした場合、両性の公平な学校環境のために「実質的平等」の視点では奨励されるような、女子／男子に特別なカリキュラムを設定することや、女子／男子に積極的に働きかけるなどの行いは、差別、もしくは不平等と見なされることも考えられる。

② 過剰な配慮否定タイプ（30人）

・必要最低限の問題意識は持ちながらも、過剰に反応しすぎてはならないという部分に最も配慮すべきである。
・〝ジェンダー〟の問題は大切なことですが、過敏になりすぎるのは良くないと思います。
・生徒との接し方が性別によって異なってはいけないと思うが、ジェンダーに固執しすぎてもよくないと思う。

「過剰な配慮否定タイプ」は、配慮は必要だが行き過ぎた配慮にならないように考えている記述が見られ、「何でも同一にする」、「ジェンダーに固執する」ことに対して距離をおくものである。まず、「何でも同一にする」ことに距離をおく記述では、児童生徒の活動や児童生徒への対応の仕方などを全て男女同一にすることへ反対している。次に、「ジェンダーに固執する」ことに距離をおく記述は、文字通り必要以上に「固執しない（意識しない）」といったもので、このタイプの大部分を占めている。

「過剰」と感じることは、何らかの基準を設定し、それよりも多くなることで「過剰」とみなすことになる。例えば、「ジェンダーと教育」に関する知識の全項目を配慮することを過剰と感じるか、4項目ほど配慮することを過剰と感じるか、こうした感覚は学生自身の判断に委ねられる。図2-7では、「ジェンダー」と「男女共同参画社会基本法」は、全体に比べてかなり高い数値となっている。反対に、「隠れたカリキュラム」や図2-8の項目について、特に目立ったものはない。もちろん、「知っている（説明できる）」ことが「配慮する」ことへ直接つながるわけではないが、このタイプの学生の認知度が他の学生に比べて特別高いわけではない。このことを踏まえると、「教育におけるジェンダーの問題が至るところにあり、全てに配慮していられない」ということで「過剰」に感じるよりも、「ジェンダー」という用語だけで「過剰」に配慮する必要性があると考えているのかもしれない。

③個人の尊重タイプ（164人）

・性別ありきで子どもに関わるのではなく、その子ども個人を、その個人の個性として見ることが必要だと考える。
・男女を意識せずに、人として同じように接する配慮。
・「男だから」「女だから」という考え方をしない。

「個人の尊重タイプ」は、児童生徒を1人の人間として尊重し、接していこうとする記述を指す。性別で判断せず個人を評価、尊重する「男女を意識しないで個人として見る」というものと、「男／女らしく」

といった「固定的な性別の在り方」を否定するものが見られた。これらの記述は個人の尊重という点から、「ジェンダー自由主義」の立場をとっている。ここで留意しなければならないのは、「一見自由に見える個人の選択の背後で、『隠れたカリキュラム』を通して、暗黙のうちに選択の水路づけがなされている可能性」（多賀 2016: 106）である。したがって、「隠れたカリキュラム」は「個人の尊重タイプ」と深く関連しているが、図2-7の「隠れたカリキュラム」を見ると説明できる学生は2割程度である。さらに、図2-8におけるジェンダー・バイアスの項目も、2～3割程度の学生しか認識していない。こうした状況では、ある児童生徒の行動や選択などを何でも「個性」として捉えることで、その行動・選択の背後に存在するジェンダーや、隠れたカリキュラムを通して生まれたジェンダー・バイアスの問題を全て無視する（してしまう）可能性がある。

④**男女は違うタイプ**（65人）

・男と女で体型や運動能力に差（ちがい）があるということをしっかり認識させ、尊重しあう。
・男女では感じる視点も違い考え方も微妙に違う。その違いを意識する必要があり、それぞれに対応した態度をとる必要があるから。
・男性と女性の違いをわかっておくこと。

「男女は違うタイプ」は、「男女は異なっている」ため、「男女で異なる対応が必要である」という記述が見られた。男女が異なるとする理由は、大きく4つに分けることができる。第一に、「身体的・体力的な違い」である。男女の特性などについては否定的だが、体育の授業における男女別の配慮、体力や体格の男女の違いなどは「仕方のない違い」として認識しており、それにより男女で異なる配慮をすることが示されていた。第二に、「特性・役割の違い」である。男女では性格や傾向が異なるため、男女で異なる対応をする必要があることや、男女の役割（「らしさ」なども含む）を考慮しながら児童生徒と接することを目指した記述が見られた。第三に、「身体と特性のどちらも違う」である。これは第一、第二の双方を含んだ理由を挙げていた。第四に、理由を明示せずに、「男女は異なる」としていた。4つのいずれの理由にせよ、このタイプの記述は「男女が異なること」を前提にしているので、「ジェンダー保守主義」に分類することができる。

図2-7では、「ジェンダー」に対する認識が全体の学生に比べ、かなり低い値となっている。「ジェンダー」を説明できないけれども、「男女は異なる」と考えている学生がこのタイプの半数近くを占めていることになる。次に、図2-8の「授業中の教師から生徒への働きかけが生徒の性別によって異なるという問題」、「高校・大学の専攻分野における性別の偏り」、「高等教育進学率の男女差」の3項目に注目する。この3項目は、全体と比較しても数値が高くなっている。このタイプの学生にとって、「男女によって進学率や専攻分野の偏りがある」ことはジェンダーをめぐる教育課題ではなく、例えば「男は理系、女は文系だからそうした違いが現れる」と考えている可能性がある。また、このタイプは「教師の働きかけが児童生徒の性別によって異なる」ことをジェンダーの問題として提示したとしても、「男女は違うので異なる対応をするのは当然」と考えることもあるだろう。

⑤ **配慮不要タイプ**（42人）

・不要。下手な意識の仕方は逆に不自然で問題につながりそうだから。

・特定の性別を意識しすぎると男女間の関係にも影響してくるので、配慮は不要である。
・ジェンダーをどうこう考えることがすでに不必要なことだと思います。

「配慮不要タイプ」は、「ジェンダーの問題への配慮」を必要としない記述を指す。不要と考える理由として、「差別と区別は違う」、「意識することで不自然になる（差別が生まれる）」の2つに大きく分けることができる「意識することで不自然になる」では、ジェンダーや性別を意識することで行動・態度が不自然になることや、新たな問題や差別が生まれることになると考えている。図2-7では全体よりも高い数値の項目も存在するが、図2-8ではほとんどの項目で全体を下回っている。このタイプでは、ジェンダーと教育に関わる諸問題を予め認識し、それでもなお「配慮が不要」と考えているというよりは、そうした問題を把握せずに「配慮不要」と考えている学生が大半を占めている。

第3節　ジェンダーをめぐる教育課題に対する教師教育

本章では、教職課程へ所属する学生への質問紙調査から、ジェンダー関連科目の学習機会や学生の知識、考えをみてきた。まずは本調査から見えた課題を整理する。

第一に、教職課程は学生に対して、ジェンダー関連科目を十分に提供しているとは言いがたい状況である。学生の約3人に1人しかジェンダー関連科目の受講経験がなく、2科目以上の受講経験になると10人に1人もいないことになる。(12) 今回のデータから大学の教職課程全体の傾向を述べることはできないが、教職課程自体に学ぶべきものが多く位置づけられていること、ジェンダーの学びが積極的に推奨されているわけではないことをふまえると、ジェンダー関連科目が十分提供されていないことが推察される。

第二に、ジェンダー関連科目の受講経験があった場合も、「ジェンダーと教育」に関する知識の伝達が十分に行われていない。これは第一の課題と関連しているが、教職課程においてジェンダーを学ぶことが中心的な位置づけではないため、仮に授業でジェンダーを扱えたとしても入門的な内容に留まる可能性があり、ジェンダー教育実践に必要な知識や実践の獲得へ至るまでは困難を有する。

第三に、教職課程に所属する学生の中には、「再生産の担い手」となり得るような意識をもつ者たちが大勢存在する。もちろん、ジェンダーに関する知識を持っているからといってジェンダー教育実践へ興味関心をもつわけではないし、必ずしも「変革の担い手」へなる必要もない。しかし、学生たちの「ジェンダーと教育」に関する知識の認知度をふまえると、知識をもたずにジェンダー教育実践から距離をとったり、それを拒絶したりする態度を表明しており、ジェンダーをめぐる教育課題の観点から考えると、「再生産の担い手」となる可能性が高いため、この現状を楽観視はできない。

このように、教師教育の初期段階である教職課程では、「ジェンダーと教育」研究が求める「変革の担い手」へとなるために必要なジェンダー教育実践の知識や実践を獲得することは難しいだろう。また、現職の教員研修もジェンダーの学習機会が少ないという指摘をふまえると（大竹・他 2012[13]、木村育恵 2014）、教師教育全体で「変革の担い手」育成の土台づくりは不十分だといえる。

第4節　実態をふまえた先へ

現状の教職課程においてジェンダーに関する学習機会を十分には提供できていないことをふまえると、

最初に思いつくのはジェンダーに関する学びの必修化だろう。ただ、教職課程の現状を考えると、必修化を早期に達成することは難しい。まず、現在の教職課程は学ぶべきものが非常に多く、新たに必修科目を設置するカリキュラム上の余裕がほとんどない(14)。また、仮にカリキュラム上の余裕があったとしても、教育課題は数多あるため、「なぜジェンダーが必修であるべきか」という共通見解が必要となるだろう。教職課程におけるジェンダー関連科目の必修化を目指すのであれば、少なくともこの二点を考慮に入れなければならない(15)。

現状を考えると、ジェンダー関連科目を即座に必修化することは難しい。したがって、ジェンダー教育実践に関する知識や実践をほとんど知らずに、学校現場へ赴任する者が多数いることを前提とする必要がある。第2節第2項で見たように、ジェンダー関連科目が教職課程に多く位置づけられている大学もあれば、そうでない大学が存在することは、ジェンダーに関する学習機会が偶然性に依存しており、不安定な位置づけだと言える。ただ一方で、やや楽観的ではあるものの、ある大学ではジェンダーに関する学びを深め、別の大学では他の教育課題に関する学びを深めることで、各大学で得意分野をもつ〈教師〉を養成する土壌が既に存在していると考えることも可能である(16)。ジェンダーに限らず、教育諸課題は各学校現場の文脈に依存するため、一人の〈教師〉で対応することは難しい。だからこそ、多様な得意分野をもった〈教師〉たちが協働することで、各学校現場の教育課題へ〈教師〉集団として対応していくことを可能にする。ジェンダー教育実践を協働で進めることについては、第5章で詳述する。

注

（1）知識を提供されれば自動的にジェンダーをめぐる教育課題を問題視したり、ジェンダー教育実践へ積極的に取り組んだりするわけではない。しかし、ジェンダーに関する学びが、教師たち（あるいは学生）の認識枠組みの変容や多様性への寛容さに一定の効果を有することも明らかにされている（Andersson・Gustafsson 2009; Erden 2009; Vavrus 2009）。

（2）例えば、山崎・矢野編（2014）や秋田・佐藤編（2015）などがある。ただし、教職課程の「教科書」は、記載内容や章構成が著者の学問領域や関心によって多少偏りが見られるため、全体傾向ではないことに留意したい。また、アメリカの教職課程で使用される基礎的なテキストに、「ジェンダー」がどのように扱われているかを調査したZittleman・Sadker（2002）は、ジェンダー問題が扱われているのは全体の7％強であり、方法論を扱ったテキストでは1％未満であることを明らかにしている。さらに、女性運動に対するバックラッシュの側面から、否定的にジェンダーの内容を取り扱ったものもある。そして20年前に行った同様の調査と比較して、それほど状況が改善されていないことも指摘されている。日本における教職課程のテキストを体系的に調査したものは現時点で行われていない。

（3）調査期間が10年以上前のものであり、この結果をもって「現状」とすることは難しい。しかし、他の章で用いるインタビュー・フィールドワーク調査期間が２０１０年代前半頃であり、これらの調査対象となった教師たちの「現状」を捉える上では有効だろう。加えて２００８年以降、政府の方針において教職課程におけるジェンダーの学びを促進しているものは示されていない。例えば、２０１０年に策定された「第3次男女共同参画基本計画」の第11分野では「教員養成課程における男女平等などの人権教育を促進する」とされていたが、２０１５年に策定された「第4次男女共同参画基本計画」では教員養成課程に言及するものはなくなっている。また、２０１７年に示された教職課程コアカリキュラムにおいてもジェンダーに関連した項目が設定されていない。このことから、本調査以降の教職課程において、ジェンダーに関連した学習機会が顕著に増加しているとは考えにくい。

（4）ランダムサンプリングではなく対象となった学年も統一されていないため、この調査の結果をもって教職課程におけるジェンダー関連科目の履修状況を一般化できるわけではない。ただ、これまで同様の調査が行われていなかったため、パイロット調査としての意義はあるだろう。

（5）「説明できるか」を問うているため、その言葉を「知っている」よりも回答のハードルが高く、割合が低くなったことも考えられる。

（６）回答者数は、A国立教育大学（１４９人）、B国立教育大学（１３２人）、C国立教育大学（１４９人）である。

（７）「各教科の指導法」に関する科目は、家庭科分野や社会科分野へ位置づけている。また、授業名ではなく教員名を記載しているものについては、当該教員が所属するコースや専攻の教科分野へカウントしている。さらに、学生の誤記と思われるカリキュラム上存在していない科目名について、筆者の方で判断できる場合は該当区分へカウントし（例えば「教職講座」、「家庭科」など）、判断できない場合は「その他・不明」へカウントした。

（８）まず、ジェンダー保守主義とは、「『男は仕事、女は家庭』という性別役割分業に代表されるような、固定的で非対称な男女のあり方を守ろうとする立場である」（多賀 2016: 90）。この立場の中でも、男女の役割や「らしさ」の違いを「自然な違い」と見なす視点と、それを「平等な違い」と見なす視点の二つがある。男女の違いを「自然な違い」と見なす視点は、なぜ男女の違いが生じているかという問いや、男女の違いが一方の性に不利益をもたらしているのではないかといった問いを発することを難しくさせる。次に、男女の違いを「平等な違い」と見なす視点は、異なる役割を果たす男女の関係を「異なるけれど平等」とする「異質平等論」である。この視点では、固定的で非対称的な男女のあり方は社会にとって必要なものであり、男女それぞれの役割を果たすことで共通の目標を達成する互恵的な関係とみなされる（多賀 2016: 89–94）。

次に、ジェンダー平等主義とは、「男女間の利害関係や権力関係における非対称性に焦点が当て、そうした非対称性の解消を目指す立場である」（多賀 2016: 95）。性別分業のような固定的で非対称な男女の在り方は、「社会的に作られた」違いであり、一方の性に不利な違いであると見なし、これに反対する。平等主義は、その積極性の度合いから、「形式的平等」と「実質的平等」という二つの立場がある。「形式的平等」とは、「教育の機会や内容が男女で同一であることをもって平等と見なす立場であり、一般に『機会の平等』と呼ばれるものを指している」（多賀 2016: 95）。これに対して、「実質的平等」は、機会の平等が結果の平等に結びつかない原因を個人的要因や生物学的要因だけでなく、社会的要因にも求めようとする。そして、機会の平等の背後に隠された形で存在する、一方の性に不利益をもたらす要因を取り除くことや、そうした不利益を補償することで、初めて実質的な機会の平等が達成されると考える。

最後に、ジェンダー自由主義とは、「性別とのかかわりで個人の選択に対して外部から規制がかかることを問題視し、個人の生活や人生のあり方を個人の自由な選択にゆだねることを目指す立場である」(多賀 2016: 99–100)。自由を求める方向性から、「ジェンダーからの自由」と「ジェンダーへの自由」という二つの立場がある。「ジェンダーからの自由」は、「固定的で非対称な男女のあり方を求める規範を問題視し、そうした規制からの自由を求める」(多賀 2016: 100)。固定的で非対称な男女のあり方を求める規範を問題視する点では平等主義と共通しているが、男女の在り方に反対する理由と程度において、違いが見られる。「ジェンダーからの自由」の立場は、固定的で非対称な男女の在り方によって、個人の自由な選択肢を規制されることを問題視する。個人の選択の自由を基盤に置くジェンダー自由主義の考え方は、固定的で非対称な男女の在り方を拒否する自由もあれば、積極的にそれらを選択する「ジェンダーへの自由」も認めなければならない。

(9) 各タイプで代表的な記述を示している。

(10) 学生によっては、複数のタイプの視点に関わって記述しているものもいた。そうした学生は除外している。

(11) 「抽象的男女平等」を志向する学生と「相互作用での男女平等」を志向する学生の図2-8の認知度にそれほど大きな差は見られなかった。

(12) 対象となった学生の中には二年生や三年生もいるので、これから増えていく可能性もあるが、四年生以上に限定した受講経験は約四人に1人となる。

(13) ２００８年12月から２００９年3月までに１５０市区町村の教育委員会及び男女共同参画センター等を対象に、教員研修の実施状況を明らかにしている。教育委員会から65通（回収率43・3％）、男女共同参画センター等１０９通（回収率72・７％）の計１７４通を回収している。男女共同参画に関する研修を「以前も現在も実施している」のは、教育委員会7件（10・８％）、男女共同参画センター等5件（４・６％）であり、非常に少ない状況である。また、「以前行っていたが、現在は行っていない」のは、教育委員会3件（４・６％）、男女共同参画センター等2件（１・８％）となっており、これらを合計しても教育委員会で10件（15・４％）、男女共同参画センター等7件（６・４％）である。そして、「以前は実施していないが、現在実施している」ところは皆無であり、ジェンダーに関する学習機会に最も触れやすいであろう「男女共同参画」の研修は縮小傾向にはあり、拡大する兆しがほとんど見られない現状である。加えて、研修回数自体も一〜三回と単発的であったり、人権教育の一つとして「男女共同参画」を位置づけているものも見られ、中長期的に、あるいは「男女共同参画」をメインテーマに掲げる研修を受ける機会は非常に少ない。

(14)　教職課程を履修していれば大学卒業単位へ含まれる教育大学でも学ぶべき内容は多いが、教職課程の履修単位が卒業単位へ含まれない一般大学では尚更カリキュラム上の余裕はない。しかし、必修化が難しいからといって、ジェンダーに関する学びが不要なわけではない。本章冒頭でも述べたように、ジェンダーは自然な形で存在しているため、意識的に取り上げなければジェンダーをめぐる教育課題は再生産し続けられてしまう。教職課程に位置づけるかどうかは別としても、少なくとも一度はジェンダーを学ぶ機会が必要である。

(15)　ここで重要なことは、「必修化＝変革の担い手育成」ではないということである。ジェンダー・センシティブな視点で見たように、ジェンダーをめぐる教育課題に対して紋切り型の対応では十分ではない。つまり、学んだ知識や実践をそのままの形で勤務する学校現場へ適用しても上手くいかない。そのため、必修化が達成されたとしても、それは「変革の担い手」育成の第一歩に過ぎない。

(16)　現在文部科学省が進めている教職課程のコアカリキュラムのように、全国の大学における教職課程の学びを均質化しようとする動向は、得意分野をもった〈教師〉ではなく、文脈やその人の人生に関係なく交換可能な教師を養成することを目指しているとも言える。

[コラム②] ジェンダーにこだわりすぎなのか？

学校教育に潜むジェンダーを数多く指摘する本書を読むと、些細なことも含めて「ジェンダー（あるいは男女の違い）にこだわっている」と思われるかもしれません。しかし、「女子だから大学に行かなくてもよい」といった教育期待の性差や、学校に「不要な男女の区別」を持ち込んでジェンダーに「こだわっている」のは、学校や社会の側です。「性別」によって児童生徒の可能性が制限される社会を「よい社会」と考える人は少ないでしょう。だからこそ、「性別にかかわらず個人の可能性が尊重（発揮）される社会」を形成していくためには、学校に潜むジェンダーを注意深く観察し、その問題を明らかにしていく必要があります。

第2章で扱った学生の自由記述でも登場した「身体的・体力的な性差」についても注意が必要です。確かに、人間は有性生殖の生き物であり、「生物学的」にオス・メスは存在しています。だからこそ、「身体的な性別（sex）」は存在し、ジェンダーが生まれるのだ、と考えることはもっともな説明に思えます。ところで、「身体的に男女は異なる」といった時、それは染色体、性腺、内性器、外性器のどのレベルを指しているのでしょうか。国際オリンピック委員会（IOC）は、ホルモンの一つであるテストステロン値の上限を設け、上限以上の女性選手に出場資格制限を設ける規定を2011年に発表し、論争を呼びました。この場合、外性器から「女性」と判断された人でも、テストステロンの数値が規準以上であれば女性選手として認められないのです。また、「子を産む能力のある人だけが女性だ」という基準も、それに該当しない「女性」は存在します。このように、文脈によって「身体的な性別」の判断基準が異なるのです。さらに、前述の4つのレベルでも明確に「男女に区別」されない性分化疾患（インターセックスと呼ばれたりもします）の人たちも存在します。「身体的な性別」が「不変的なもの」として存在すると私たちは考えがちですが、そもそも「身体的な性別とは何か」と問うことも可能になります。著名な思想家であるバトラー（1990＝1999）は、「身体的な性別（sex）」そのものがジェンダーであり、社会的に構築されていると主張しています。

第3章 女子のトラブルを「ドロドロしたもの」と見なしてしまう文脈

第1節 友達関係と学級運営

「一晩寝て学校行ったら（仲間から）外されてんねん」

これはZ小学校の教師が担任する学級で、友人関係トラブルの渦中にある女子から聞かされた言葉である。本章では、女子の友人関係トラブルに対応する教師たちがジェンダー・バイアスを伴った介入を行い、結果としてジェンダーを「再生産する担い手」へなってしまうことを明らかにする。しかしその一方、〈教師〉たちのトラブル対応や日頃の教育実践によって安定した学級運営が行われていることも同時に描き出す。そのことで、ジェンダーをめぐる教育課題を指摘する際に、〈教師〉たちが行う教育実践をより広い文脈で捉える必要性を述べる。

学校における友人関係は、子どもたちの意思によって形成されるという意味でインフォーマルなものであり、その関係性に直接教師が介入することは少ない。ただし、完全な自由意思によって友人関係が形成されるわけではなく、その関係性に教師が「学級の課題」というフォーマルな位置づけを与えることで介入が行われることもある。つまり、教室秩序を維持するために、教師自身がもつ教育観や学級運営理念のもと、子どもたちの友人関係が教師の「指導」対象となり、介入を含む様々な相互作用が生み出されることとなる。冒頭の女子の発言から、彼女らの関係性へ教師が介入しても不思議ではないだろう。

さて、教師が子どもに対応する際、その方法や考え方は教師がもつ信念によって大きく規定されているが（臼井 2001）、子どもたちの友人関係への対応は〈教師〉の価値観が反映されやすい。なぜなら、友人関係のあり方に関して「正解」は存在せず、「ケンカするほど仲がいい」と考える人もいれば、「ケンカするくらいなら深く関わりたくない」と考える人も存在するため、〈教師〉の価値観や友人関係の経験が子どもたちの友人関係や人間関係に対する「指導」へ影響を与えやすい[1]。また、〈教師〉もジェンダー化された存在であるため、そうした対応にジェンダー・バイアスが潜んでいることは十分に考えられる[2]。議論を先取りすると、本章で対象とする〈教師〉たちは、「女子のトラブル」を「ドロドロしたもの」として位置づけており、確かにジェンダー・バイアスは存在していた。その一方で、3年生の頃から続く女子たちの（グループからの）外し合いが、〈教師〉たちの認識を方向づけていた可能性も拭えない。

また、〈教師〉たちの教育実践は、自身の人生経験や教職経験だけでなく、勤務学校の文化や方針、教師や教育実践に対する歴史的・制度的制約からも自由ではない。例えば、勤務学校の方針を無視して学級運営を行うことは非常に困難であるし、制度的な制約（学級制度や学級担任制など）は〈教師〉たちの学級運営へ影響を与えるだろう。

第2節　学年運営の方針と「課題」である女子たちの関係

筆者は、関西圏にあるA市のZ小学校へ、２０１１年7月から週2回程度、２０１２年から２０１３年までは週1回程度の割合でフィールドワーク調査を行っていた。Z小への参与形態は、基本的に六年生の学習補助や担任教師のサポートを行い、校外学習や運動会などにも参加している。また、学年会議や校内研修への参加も許可された。児童へは「先生になるための勉強をしている」と説明していた。

本章で対象とするのは２０１１年度に卒業した6年生である。特に女子間トラブルが発生し、担任教師がそれへの介入を行ったA組（男子14名、女子16名）とC組（男子12名、女子18名）を取り扱う。A組は前年に学級崩壊状態へ陥り、かなり「荒れた」状態であった。当初の担任教師が長期休養のため代替教師として入った若手男性教師に児童らが反発し、サポートに入ったベテラン教師に対しても同様に反発することで学級経営が非常に困難であった。こうした課題を抱えたA組が6年に進級した際の担任が山本先生（30代男性）である。(3)一方、C組は5、6年ともベテランの高橋先生（50代女性）が持ち上がりで担任を務めている。高橋先生は同僚教師から非常に「力のある」教師だと認識されており、学年のリーダー的存在で学校全体でも高橋先生の言動は一目置かれている。2年間担任をしているため、長い年月をかけて子どもたちとの関係を築いている。(4)Z小学校は「しんどい子」(5)を中心に据えた「学級集団づくり」を特徴としており、学級や教師が孤立化しないよう学年全体で活動することも多い。(6)また、様々な活動を通して「友達を大切にすること」や「自分の気持ちを伝えること」、「気持ちを一つにすること」を教師たちは頻繁に児童らへ伝えている。

学年全体の様子として、「女子は活発であるが人間関係に課題がある」と教師たちは認識しており、高橋先生が「男女のグループって何なのだろうか？　難しいね。決めつけるわけではないけど」と前置きしながら、「男子は遊びを決めて遊び、女子は相手を決めて遊ぶ」と語っていた。取り組み等を通して女子間の「ドロドロした」ものを出していけるように、「少しでも風通しを良くしないといけない」ということが教師たちの共通見解となっていた（2011・7・8フィールドノート＝以下、FN）。「女子の関係＝ドロドロした関係」であり解決を目指すべきものという教師たちの認識は、3年生の頃から延々と継続している女子同士の「（所属グループからの）外し合い」という実態への認識にも影響を受けながら構築されていた。もちろん、女子の人間関係が常に「課題」ではなく、２０１３年度の6年生は男子グループが一番の課題であると認識されていた。次節から、山本先生と高橋先生の介入を分析していく。

第3節　A組のトラブルと山本先生の学級運営

第1項　山本先生の存在とA組の人間関係

山本先生は若手教師のリーダー的存在で、学級崩壊状態であったA組に「飛び込み」で担任をすることになる。4月当初は山本先生も「あれ？」と思うほど、それまで聞いていた学級の姿とは正反対に静かな状態であった。A組が5年生時、運動会の合同練習で山本先生が当時担任していた六年生を怒る姿にA組の児童たちが「怖い」という印象をもっていたため、表面的に静かだと山本先生は認識していた。こうした児童らのイメージとは反対に、山本先生自身は「こっちが（怖がられないように怒り方について）気を使ってるくらいやのに」という姿勢であり、高橋先生も去年の山本先生の姿と比べて「だいぶ忍耐強くやって

表３-１　グループＬとＭのメンバー

グループL		グループM	
サクラ	グループの中心．山本先生からはクラスの雰囲気を左右すると思われている．	ルイ	はじめはグループLのメンバーだったが，後に排除される．特に，サクラとカオリとの関係が悪い．
カオリ	グループの中心．サクラと仲が良い．	エミ	親友と思っている児童は別のクラス．
ヒロミ	グループLに所属するが，山本先生からは誰とでも遊べる存在だと思われている．	アヤカ	特にサクラとカオリを嫌っている．もともとはマイと仲が良かったが，１学期のトラブルで関係が崩れる．
マイ	アヤカと仲が良かったがケンカによって書いた「嫌いな人リスト」で関係が崩れる．ヒロミと一緒で，山本先生からは誰とでも遊べる存在と思われている．	ユリ	１学期で転校．ルイと仲が良い．
ユウナ	自分で行動するよりもグループのメンバーの行動に合わせる．		
マリコ	表面的にはグループLにいるが，「本当の親友はルイだけ」と言っている．２学期の後半にルイから「絶交」を告げられる．		
ミホ	４年時にかなりのいじめをしていた．同じ班の女子と遊ぶことも多い．		

いると思う」と語っていた。実際、参与観察中に山本先生がA組で大声をあげて怒ることはほとんどなかった。

　しかし、児童らは山本先生を怖がっているだけではない。女子たちはトラブルが深刻化した際、山本先生へ相談することも多く、また、ある男子は「中学校に行っても山本先生みたいな良い先生おるかな？」と言っており、山本先生に対する子どもたちの信頼はかなり厚い。さらに、同僚教師や保護者にも一目置かれている山本先生は、どのように学級運営を行い、子どもたちとの関係を構築しているのだろうか。

　A組の女子は明確にグループ化しており、休み時間は基本的にグループ内で遊び、グループ間の交流はほとんどない。複数ある女子グループにおいて、学級内で最も人数が多いグループL（サクラ、カオリ、ヒロミ、マイ、ユウナ、マリコ、ミホ）と、そこから排除された女子らによって構成されるグループM（ルイ、エミ、アヤカ、ユリ）の間で長期間にわたりトラブルが多発・継続し、山本先生も学級の課題として捉えている。

六年生の中でも特にA組は、グループ外の女子の「悪口」を用いてグループ内の関係を維持することがトラブルの要因になっていた。ケンカや些細な出来事によって、当事者双方、もしくはどちらか一方が相手の「悪口」を同じグループメンバーに告げ口することで、当事者間や所属グループを巻き込んで人間関係が悪化し、そこからは螺旋状に「悪口」が生み出されていく。例えば、手紙によって互いの親密性を確認するだけでなく、グループ外の他者を排除することで関係性を深めようとする。前述したように、こうした排除しあう関係性は3年生の頃から延々と続いているようで、「(女子たちは) 自分が外されないように守っている」と担任教師たちは語っていた。5年生時のA組は「いじめ」等のトラブルも頻発しており、とりわけ排除の関係性を経験していたと考えられる。それを象徴するのが、7月に山本先生がカオリと面談した際の「女子は仲悪い。誰も信用できへんから」という語りである。同様のことを他の女子たちも作文などで表明しており、女子たち自身が「排除し合う関係」を認識している。(7)

第2項　山本先生の学級運営

山本先生は一学期に児童個々との関係構築を目指し、ようやく子どもらが前を向いて授業を受ける状態にできたと語り、二学期からは子どもたちとの関係構築を目指していた。また、女子間関係が一学期からの課題だと認識し、特にグループLのサクラとカオリが中心となって排除し合う人間関係が形成されていると語っていた。山本先生は「サクラが変わればクラスが変わる」（研修資料）と考え、二学期以降、サクラを中心にグループLの女子たちが前向きに物事に取り組む姿を学級全体に向けて「どう見せるか」を模索していた。この山本先生の運営方針から、「集団づくり」をしていく上で5年生までのA組の子どもたちの関係が非常に脆弱であり、二学期にようやく「集団づくり」のスタートラインに立った様子がうかがえる。

つづいて、児童の関係性に関する山本先生の方針を見ていこう。4月初めの学級会で、「誰かが一生懸命に努力していることを馬鹿にすることは許さない」ということを山本先生は児童らに伝え、また「友達を大切にしない」行為があった場合、即座に対応しそれを許さない。日頃からトラブルや「いじめ」の可能性があることへの対応が素早く、また子どもたちへ山本先生自身の考えを伝えているため、子どもたちも「山本先生が友達を雑に扱うことを嫌う」と認識している。特に、「いじめ」のような「一対複数」の形になることや、教師に見えないところで他者を攻撃することに山本先生は否定的である。ただし、「ケンカするのはいいし、どんどん自分の言いたいことを言えばいいが、一対一で、しかも口でやるように」(2012・1・24 FN)と児童らへ語るように、一対一で気持ちを直接ぶつけ合う「ケンカ」自体は問題視していない。

では、子どもたちのトラブルに対して、山本先生はどのような介入を行うのだろうか。運動会へ向けて組体操や踊りを披露するための練習を毎日行い、また、それらの演目は集団で協力することが求められるため、トラブルが発生し学級内の人間関係に変化をもたらすかもしれないと山本先生は考えていた。そして、この考えのもと、グループLとMの関係に対して強力に介入していく。

第3項　意図的なトラブルの誘発と解決への期待

山本先生は組体操で行われる「トラストフォール」(8)の代表をサクラに決定する。この演技は子どもたちの信頼関係が重要になり、「サクラはクラスのみんなを信用しないといけない。反対に受け止めるみんなもサクラのことを絶対に落とさないという気持ちをもたないといけない。それが難しいからこそサクラにした」(Z小研修資料)と山本先生は語る。「いつもなら子どもたちで話し合って(代表を)決める」が「もめるだろうから」という前提でサクラを代表にしており、人間関係の軋轢が表面化することを山本先生は意図している。そして、実際にトラブルが発生する。

【場面1】

トラストフォールの練習が終わり、子どもたちの移動時に人だかりができていたので覗くとサクラが泣いている。サクラを心配して、マイ、カオリ、マリコ、ユウナ、ヒロミが周りを囲んで、かなり心配そうに顔を覗き込んでいた。側にいたアヤカ、ルイも泣いているサクラを見ている。山本先生がその輪に入り、「どこか体を打ったのか」と尋ね、保健室へ行くように指示する。放課後、高橋先生とトラストフォールの話になり、「1組は大変なことになっている」と聞かされる。練習時にアヤカが一切支えようとしない(突っ立っているだけの状態)らしく、ルイも前回の練習はアヤカと同じように立っていたらしい(今日の練習は、ルイだけ添える程度に手を出していたみたい)。アヤカもルイもサクラが倒れてくる頭の辺りに立っているので、サクラからするとかなりの恐怖だと思われる。実は前回の練習終了後、サクラが山本先生に上に乗る役を交代したいと泣きながら頼んできたが、山本先生は何でそうなったか考えるようにサクラに伝え、交代させなかったことを高橋先生から聞く。

(2011・10・4 FN)

サクラが泣きながら交代を訴えてきたにもかかわらず、山本先生はそれに応じず、「代表を変えるのではなく、自分たちの人間関係を変えなあかんのちゃう?」と話し、サクラ自身でこのトラブルを解決するように促している。そして、「(話し合いの場の設定は)先生が何とかするから、自分の思っていることとかしてきたことを正直に話そうか」と伝え、後述【場面2】の話し合いが実現する(研修資料)。児童らに課題やトラブルが発生した際、山本先生は男女関係なく迅速に対応しているが、児童自ら解決できると判断した場合、必要以上の介入や援助をしない。確かに、グループL―M間トラブルは深刻化しており、対応が模索されていた。しかし、山本先生は当初からサクラをクラスの中心的存在として位置づけており、「サクラが変わればクラスが変わる」と考えていたことを踏まえると、このトラブルをサクラが解決できる、もしくは解決してほしいという期待が含まれていたのかもしれない。

第4項　女子たちのグループに対する配慮

前述の組体操トラブルが発端となって、放課後にルイとサクラと山本先生の3人による話し合いが6時頃まであり、その様子を山本先生は次のように語っていた。

【場面2】

ルイもサクラもお互いに仲直りをしたいと思っているらしいが、ルイは「アヤカにどう思われるのか」が気になり素直に仲直りできないらしく、サクラも「カオリがどう思うのかが気になる」と言っていたようである。山本先生は「仲直りしたいならすればいいのに」と考えており、それを2人に伝えたらしいが2人とも友人が気になりできないらしい。(2011・10・6 FN)

サクラ―ルイの間では「仲直り」して関係を修復したいと考えていても、2人とも所属グループのメンバーを考慮している。ここでは「所属グループメンバーがどう思うか」と、「お互いに仲直りしたい」という葛藤が生じている。それに対して山本先生は、2人の「仲直りしたい」という意向を優先するように促している。女子の作文や教師の語りから判断するに、これまでの女子の関係は個人間でトラブルが発生した際、各人がグループ内に「悪口」などを伴ってそのことを伝え、「個人対個人」の問題が「グループ対グループ」の問題へと拡大されることで（「誰々とケンカしたから無視して」等）、当事者同士だけにとどまらず、各グループでお互いのターゲットを排除してきた。仮に、何らかの問題を修復する際に個人間だけで解決を試みた場合、グループを無視した行為とみなされる可能性もあり、新たなトラブルが発生しかねない。だからこそ、個人間トラブルが当事者の行為だけでなく、グループ内のメンバーの行為をも制限することになる。

反対に、グループ内で「仲直り」が共有・受諾されれば、当事者同士だけでなく各グループのメンバーにも相互作用が生まれる。

【場面3】

サクラとルイの関係はだいぶ良くなってきているようで、会話もたまにしていると山本先生に聞く。そしてルイに乗っかり、エミもサクラと仲直りをしたようで、その三人の関係はだいぶ修復できているようである。（2011・10・18 FN）

【場面4】

（運動会の練習で）他の学年の演技を見ている時に、ルイが「日焼け止め取って来てもいい？」と聞いてくる。「帽子ならいい」と言うと、「帽子はいらん」と言って日焼け止めのことを再度言ってくる。日焼け止めを理由にするのが無理と思ったのか少し笑いながら「帽子取って来る」とルイが言い、ユウナも一緒に行こうとする。(2011・10・20 FN)

サクラとルイの「仲直り」が成立し、それがグループ内で認知されると、それまで交流がなかったサクラ―エミやルイ―ユウナの間で突如関係が生まれ行動を共にする。その一方で、所属グループを省みないことはグループ内で軋轢を生じさせる。アヤカはそもそもサクラとカオリをかなり嫌っていることもあって、ルイやエミから仲直りを打診されても絶対的に拒否しているらしく、ルイやエミがサクラと話していることに関して「嫌いと言っていたのにしゃべってる」と不満を口にしている。

こうして、山本先生の強力な介入によってサクラとルイの関係は次第に修復していき、グループL・Mの間にも相互作用が生まれていく。その後、サクラとルイの「仲直り」に不満を抱いていたアヤカとルイ・エミとの間でトラブルがあったものの、二学期後半以降、グループLとMの摩擦は徐々に沈静化していく。

第4節　C組のトラブルと高橋先生の学級運営

第1項　高橋先生の学級運営と「話し合い」

高橋先生は子どもたちの関係を非常に重視しており、「自分の言いにくい気持ちを言えるのが(学級)集団である」という考えのもと、子どもたちのの「気持ち」を互いに伝え、共有することを学級運営の方針に据えている。そのため、他クラスに比べて児童らが学級内で「気持ち」を語る場面も多い。そして高橋先生は、表面的な言葉で取り繕わずに「本当の気持ち」を出すよう児童らへ頻繁に伝えている。また、「友達を大切にしない」行為を高橋先生が発見した場合、即座に対応している。さらに、孤立している（可能性がある）児童に対して男女ともに対応を模索することが多い。高橋先生の運営方針は、「集団づくり」に基づいたものであり、それを自負している。

高橋先生は5年生から担任しているため、時間をかけて児童らとの関係性を構築しており、A組と比較すると相対的に安定した学級状態である。休み時間になると女子は基本的にグループ化して遊ぶが、グループ間で交流することもある。C組では子どもたちのトラブルやグループ間（内）の排他的行為も表だっていなかったが、二学期後半に、それまで非常に良好な関係であったユカとアカネの間でトラブルが起こる。

【場面5】

前から気になっていたユカとアカネの関係について高橋先生に聞く。ユカとアカネはいつも一緒に行動していたが、二学期の途中からそれぞれ別々のグループで遊ぶようになっていた。やはり2人の関係がこじれていたようで、三学期に入ってから2人を呼んで話し合いをしたらしい。（2012・2・7FN）

このトラブルは、ユカが他の女子らと行動する機会が数回重なり、それに対してアカネが違和感を抱くことから始まる。その後、関係が修復するかに思えたが、一度できた溝は埋まらずに関係は悪化し、ユカとアカネ双方のグループが成立する。高橋先生は「仲悪くなったりするのを、昔は許せなかったというか、クラスの力で何とか修復して仲良くさせようとしていたが、最近は、『仲良くしなくてもその子らの人生やしえっか』と思えるようになった」（2012・2・7FN）と述べており、ユカ・アカネと個々に話し合いを設けてはいたものの、学級全体の問題として取り上げていなかった。高橋先生が介入する契機となったのは、ユカとアカネそれぞれの所属するグループが同じ公園内で遊んでいたにも関わらず、他の女子らがユカとアカネの関係を考慮してグループ間で全く交流しなかったことである。卒業式まで残り1カ月を切る中で、「もう一度自分たちの人間関係を見つめなおす機会を作ること」を目的として、女子全員と男子の代表5人で話し合いをすることになる。(9)

第2項　女子と高橋先生の論理

話し合いは男子が自分たちの意見を表明し、女子に質問する形で始まった。男子の意見を概括すると、「グループで遊ぶことは理解できるが、グループ同士が同じ空間内で相互作用しないことはおかしい」、「グループから排除されている女子が存在していることは解決していくべき」、「なぜグループ間で相互作用することやグループの統合が行われないのか」であった。男子らの意見を受けて、女子が一人ずつ発言していく。その際、高橋先生が「ほんま（本当）のこと出していこ」と伝える。女子たちの意見を大別すると、①所属グループ外と相互作用することのリスク、②苦手な人でも話す、③親密な関係性への希求と疑問、といった内容であった。これを受けて再度男子が自らの考えを発言したところで、高橋先生が発言する。

【場面6】

高橋先生が「違うグループの人と話したら、『怒られる』、『にらまれる』のが嫌やって書いている人も（自分が）やってんねんで」と話す。それを聞いた男子が「別のグループの人と話しても怒ったりにらんだりしなければ（いいのではないか）」と言うが、高橋先生が「向こうのグループに（友達が）行っちゃったら自分が一人ぼっちになったと思うねん」と話す。それを聞いた男子は「（一人ぼっちが不安なのは）それは男子もです」と言うが、それに対して高橋先生は、男子よりも女子の方が「精神的に発達しているから、(一人ぼっちになることを) 深く考えちゃうねん」と話す。(2011・2・7FN)

この高橋先生と男子のやりとりは非常に興味深い。女子たちは加害者/被害者双方になっており、人間関係が複雑であるという高橋先生の提示に対して、「グループに固執しない」という男子なりの解決策を示すが、高橋先生はあくまでもグループとの関係性を基盤に「一人ぼっち」という孤独感をさらに問題にする。「一人ぼっち」に対する不安について男子も共感するが、「女子の方が精神的に発達している」という理由で、「一人ぼっち」がより深刻であると示している。もちろん、「グループにこだわらない」女子も存在しているが、この場面で高橋先生は「女子」[10]を一括りにして語っている。

【場面7】

高橋先生は「2人で遊んでいて、『遊ぼ』って言われたらもう片方に『いいかどうか』を聞く?」と女子に質問する。ミサキが「最初に2人で遊んでるのに、1人で決めることはできない。『2人で遊んでるのに勝手にいれんといてや』となる」と話す。そして「2人でしか話せないこともある」と話し、ミサキの言うことに高橋先生は「それは考えてなかった」と納得していた。そしてコハルが「なかなか無理とは言わん。苦手な人でも『いいよ』って言う」と話す。男子の1人が、「男子でも断ることはできない」と言い、ミサキが「断ったら傷つくし、(断れへんかったら) 2人の時間がなくなるし、どうしたらいいか分からんようになる」と話す。(2011・2・7FN)

ミサキの話から「2人」の関係性を重視し、第三者の加入に対して「2人」共の承諾が必要になることがうかがえる。ただし、「2人」の関係性だからこそ為し得るものが第三者の加入によって破綻することへの懸念も示されており、それに対して高橋先生も一定の理解を示している。そして、第三者が「苦手な人」如何に関わらず、加入を拒否することの困難性を女子が示し、男子もこれに同意する。最後に語られたミサキのジレンマは、「2人」という関係性を優先する「本当の気持ち」を表明すれば、第三者の排除につながり「傷つく」可能性が生まれ、そのジレンマに対応できない戸惑いが鮮明に写し出されている。

その後、高橋先生とミサキのやり取りが以下のように続く。

【場面8】

高橋先生が「ほんまに（今後の関係は）どうなりたいん?」と質問すると、ミサキが「今のままでもええかなって思う」と答えるが、高橋先生が「自分はそうじゃないから（孤立したり、当事者ではない）『（今のままで）ええわ』って言える」と言う。（2011・2・7FN）

ミサキはユカとアカネに関係するグループに所属しておらず、高橋先生が言うように直接的な当事者ではない。それ故に、ミサキ自身は現状維持という「本当の気持ち」を提示するが、高橋先生はそれを許さない。その後、高橋先生が「ウダウダしているのは嫌だ」ということで、話題の中心となっている人物が「ユカとアカネのこと」であること、「私も2人と話した」と告げる。ユカとアカネは以前の良好な関係ではないものの、現状では周囲の女子たちを含め両者の間で直接的なトラブルは起こっていない。しかし、2人に対して所属グループの女子たちが最大限配慮することで、グループ間の交流が全くないことを高橋先生は問題にしている。そして、高橋先生は「2つのグループが一緒にあってもバラバラなんのはおかしい」と発言し、「勇気出したら解決できることなん?」と全体に尋ねる。

ここでは「同じ空間内に存在しているならば一緒に遊ぶべき」というメッセージが明示されるとともに、

「交流が全くない」現状は学級内で解決すべき課題として提示されている。そして、「解決するために何をしていくのか」を質問し、女子たちが順番に発言していく。簡潔にまとめると、①本当の気持ちを言える関係、②自分の苦手な子とも話せるように、③グループ関係なく色々な人と話せるように、を目指した発言であった。女子たちが発言し終えると、高橋先生が「グループ作るのはいいと思う」が「グループ同士で交わって欲しい」と伝え、「私はユカとアカネが普通にしゃべって欲しい」と発言し、話し合いが終了する。

第5節　男子のトラブルへの対応

これまで「女子」のトラブルを扱ってきたが、男子のトラブルも当然発生している。男子のトラブルは、フィールドワーク中に観察されたものや男子の作文を通して、大きく三つに分類できる。第一に、相互行為中に偶発的に生まれる、行為や意図の行き違いによるトラブルである。その結果、殴り合いのケンカに発展したり、過去にはケンカ相手を骨折させた例もある。第二に、能力の優劣によるトラブルである。男子間で何らかの遊びが行われている際、その遊びの能力が周囲よりも劣っている男子が周囲から非難されている場面を観察できた。そうした非難が必ずしもトラブルに発展しているわけではないが、時にはかなり激しい言葉を非難対象の児童に浴びせる場面も見られた。また、サッカーなどの競技能力が劣るために遊戯集団から孤立させられることもある。第三に、男子間のトラブルというよりも、特定の男子が学級集団内で劣位におかれたことによるトラブルである。この第三のタイプは、「いじめ」へ発展する可能性を有していることから教師も迅速に対応している。

教師が介入するような男子のトラブルは総じて短時間の対応であった。男子間トラブルは「ケンカ」を含めて可視化しやすく、ほとんどが表面化してから把握される。女子のトラブルは女子自らが教師に相談していることが多く、教師が事前にトラブルやそれを取り巻く人間関係を把握していることも多い。反対に、男子が教師に人間関係の悩みを相談する場面を観察することはなく、男子の作文や担任教師らの談話にもそうした悩みは全くと言っていいほど出てこない。そのため、女子のトラブルは比較的継続した時間線で教師が対応しているのに対して、男子のトラブルは表面化した際の「点」での対応が多くなる。つまり、時間量の観点からすると、男子に比べ女子の対応に教師は多くの時間を割いているため、問題視されやすいと考えられる。また、教師が対応していない（把握していない）だけで、男子の優劣を伴ったトラブルは発生しており、加えて、男子がそうしたトラブルを教師に相談することも少ないため、問題が深刻化していても見過ごされる可能性もある。

もう一点重要なこととして、トラブルに対する教師たちの解釈枠組みが性別で異なることが挙げられる。「女子」は3年生の頃から「ドロドロした関係」が継続していると捉えられ、そうした関係性の解消を教師たちは目指していた。この前提により、女子のトラブルが発生した際、「ドロドロした関係」の解消を始点に対応が始まりやすい。また、「男子は遊びを決めて遊び、女子は相手を決めて遊ぶ」という語りにあるように、「女子」は「相手を決めて」いると考えられているからこそ、何らかのトラブルがあった際に「相手」との関係性が注目されることになる。それに対して、「男子」は「遊び」との関係の中でトラブルが捉えられることになる。

第6節 「再生産の担い手」としての教師たち

第1項 教師の介入にみられるジェンダー・バイアス

女子たちのトラブルに対する教師の介入を見てきたが、介入によって人間関係が劇的に変化したというよりも、介入を通じてA組で頻発していたトラブルは沈静化し、C組の安定した学級運営は継続していた。したがって、子どもたちの関係性にかかわる教室秩序の形成にとって、教師たちの理念や介入は重要だと言える。また、教師の介入によって、子どもたちに新たなやりとりが生じる場面も見られた。つまり、教師の介入、あるいは学級運営は、子どもたちの関係性に一定の影響力をもつと言えよう。こうした一定の成果を収めた教師たちの介入であるが、ジェンダーの視点で考えた場合、「再生産の担い手」へ陥ってしまっている。

第一に、子どもたちの関係性に対する教師たちの認識や介入に、ジェンダー・バイアスが歴然と存在している。第2節でも記したように、「人間関係のあり方が男女で異なっている」という認識を前提に教師たちは学年運営を考えており、「女子」の「ドロドロした関係」を課題として位置づけていた。「女子」は「関係性を重視する」という認識が教師たちの介入を方向づけている。当然、他者から攻撃されることや関係性から排除されることを嫌う男子や（【場面6】）、「女子たちの関係」に忌避感をもつ女子も存在し、教師たちもそれを認識していた。しかし、学年や学級の課題が論じられる際、子どもたちの関係のあり方は、「それ以外もあり得ること」が捨象され、「女子／男子」で語られることになる。そして、過去や現在の「ジェンダーと合致する実態」と組み合わせることで、子どもたちのトラブルを「『女子／男子』特有の関係」で認識することになる。それに加え、女子たちが「女子の関係」を語ることで、教師の認識や介入が影響を受けている側面もあるだろう。

第二に、教師たちの介入が女子たちをより一層、関係性を重視することに巻き込む可能性である。教師たちは「女子」の関係を「ドロドロしたもの」と認識し、解決すべき課題にしているからこそ、何らかのトラブルが発生した場合、「トラブルの発端である関係性」そのものに焦点を当て、トラブルだけでなく女子たちの関係性にも介入していく。本章とは異なり、トラブルが起きない程度に一定の距離感を保った関係性を目指すことも可能である。つまり、関係性に焦点化しない介入を行うオルタナティブも存在する。しかし、山本先生はあえてトラブルを誘発し、サクラとルイが自らの関係性を話し合って解決することを企図し、高橋先生は明確なトラブルや被害者がいないにもかかわらず、ユカとアカネの関係性を学級の議題に位置づけて女子たち全員を話し合いに参加させる。こうして、トラブルと女子たちの関係性を強く結びつけて介入するからこそ、グループを配慮して自分の意思で行為できない女子たちの姿が浮き彫りになり、教師たちがそれを「ドロドロした関係」と再認識する余地を生み出す。そうした「ドロドロした関係」は、改めて学年や学級の課題へと位置づけられることになりかねない。

第2項　「本当の気持ち」をめぐるズレ

前項でみたように、関係性に焦点化する介入を教師が行うことで女子たちは人間関係に立ち往生してしまうが、それに対して山本先生と高橋先生はそれぞれ「本当の気持ち」を重視し、トラブル解決を目指していく。この「本当の気持ち」をめぐって教師と女子の間にズレが生じていることを指摘したい。

山本先生は「陰でグチグチやるくらいなら、（偶然起こった）殴りあいのケンカをしてスッキリしている男子たちの方がいい」と口にしており（2011・1・24 FN）、女子の「ドロドロした関係」よりも男子のように「殴り合ってスッキリする関係」に優先順位を置いている。そして、「ドロドロした関係」解決へ向けて「グループへの配慮」よりも、「自分がしたいなら仲直りすればいい」という「本当の気持ち」を重視し、その結果、所属グループから外れても「一人でええやん」と考えている。山本先生の介入は、ある意味「女子」と関係なく「自分の意思を貫徹すること」を重視している。ところが、【場面2】でサクラとルイは立ち往生してしまう。なぜなら、彼女らの「本当の気持ち」は、「仲直り」と「グループへの配慮」が並存しているからである。山本先生と彼女らの「本当の気持ち」のズレをどのように考えればよいのだろうか。

ここでは Gilligan（1982＝1986）が指摘した「ケアの倫理」を援用したい[11]。女性は、他者のニーズを感じ、他者の世話をする責任を引き受け、他者の声に注意を向け、自身の判断に他者の視点を含んでいる。したがって、女性の発達における道徳の問題は、「競争関係にある諸権利よりは、むしろ葛藤しあう諸責任から生じてくるのであり、その解決には形式的で抽象的な考え方よりも、むしろ前後関係を考えた物語的な考え方が必要」（Gilligan 1982＝1986: 25）になるという。

女子たちは自身を取り巻く人間関係においてジレンマを抱えているが、ケアの倫理の観点から考えると、それは女子たちが人間関係を非常に重視して行為していることに由来する。【場面2】をケアの倫理から読み解くと、所属グループを常に考慮するという責任から生まれるジレンマと捉えられる。この「所属グループへの責任」の壁は想像以上に高く厚い。だからこそ、トラブルの当事者同士が「仲直りをしたい」と考えていても、それが「グループへの配慮」を蔑ろにする場合、「仲直り」と「グループ」の板挟みによるジレンマに陥ることになる。また、「一人ぼっち」を避けるために、一層「グループへ配慮」することも考えられる。本章で登場する女子たちは、「友達が無視するから無視する」ことで排除の関係を生み出す経験をもっていた。これは「グループへの配慮」を半ば強制的に要請される関係性によって生み出されているのではないか。仮にその要請に応えられなければ、自身が人間関係から排除される危険性も非常に高い。排除されることで「一人ぼっち」になることは人間関係からの隔絶であり、学校生活においてその損害は計り知れない。「外し合い」が螺旋のように続く関係において、〈人間関係への配慮／人間関係からの排除〉が入れ子のように組み合わさることで、女子の行為を二重に制限していると考えられる。

しかし山本先生の介入は、他者や文脈に左右されることのない自己の意志を非常に重視しており、それにより他者と衝突することも厭わない[12]。つまり、山本先生の介入は「自律的個人であること」が優先され、関係性に配慮して行為する女子たちの論理が後退してしまうことへつながる。

それに対して、高橋先生は女子が他者との関係性に配慮するケアの倫理に一定の理解を示し、山本先生とは異なる介入をしているように見える。しかしながら、2人の論理は共通している。それを紐解く鍵となるのが、Goodinの「傷つきやすさを避けるモデルvulnerability model」を援用した岡野(2012)の議論である。岡野によれば「義務は、義務を果たすか否かの二元論的な倫理であるが、責任は程度の問題であり、多数の者たちと分有可能で、かつ責任者に多くの裁量があること」(岡野 2012: 177)という[13]。「傷つきやすさを避けるモデル」で強調されることは、責任が常に関係性の中で生じ、関係性の中でその重みも変化するという責任の「分有可能性」と、「ある行為が他者に及ぼす結果の重さを勘案する帰結主義をとる」(岡野 2012: 179)ことである。

改めて高橋先生の学級運営を考察すると、そこには義務が存在している。高橋先生が問題視する状況は、実際に誰かが排除されているわけではない。それでも高橋先生は、その状況を「学級の課題」として位置づけ、その解決を図るための行動を学級の成員として求めている。だからこそ、【場面8】のミサキは「本当の気持ち」を表明したにもかかわらず、その主張が棄却されている。なぜなら、ミサキは「学級の課題解決のために何らかの行動をとる」という義務を果たしていないからである。つまり、学年で奨励されている「本当の気持ち」の表明は、「友達を大切にする」や学級で解決すべき課題等、教師が設定した義務を果たさなければ成立しない。例えば、結果的に（何らかの理由で）「傷ついている子」を担任教師も含めた学級全体で、「責任をどのように分有すべきか」という「傷つきやすさを避けるモデル」に基づいたアプローチも模索可能である。それにもかかわらず高橋先生が提示するのは、女子たちの関係性を脱文脈化しつつ、「何をすべきか」という義務にもとづいた責任であり、C組の女子たちも「苦手な子でも」・「所属グループ関係なく」相互作用していく「意志」を表明し、その義務を遂行している。ここでは、責任の分有や裁量の余地はなく、義務を果たすか否かが問われることになる。以上のことから、高橋先生の学級運営は、ケアの倫理に一定の理解を示しながらも、最終的には義務を果たす自律的な主体であることを女子たちに要請しているのである。

第7節　〈教師〉たちの置かれた文脈

前節では、教室秩序の形成・維持が求められる教師がいかにして友人関係トラブルへ介入するのかを分析した。その結果、子どもたちの関係性へ対応する教師の認識や介入にジェンダー・バイアスが存在していたこと、教師たちはケアの倫理が立ち現われやすい関係性に焦点化した介入を行いながら、その解決には自律的な主体であるという捻れた責任を女子に負わせていたこと、以上3点が明らかになった。(14) 以上のことは、ジェンダーをめぐる教育課題へ対抗する観点に立てば、教師たちが「再生産の担い手」であると批判することも可能である。

その一方で、Z小の〈教師〉たちが置かれている文脈を注視することも忘れてはならない。まず、Z小の〈教師〉たちはジェンダー教育実践に関する学習機会をもっておらず、個人的に関心をもっているわけでもなかった。これは第2章をふまえると、それほど特殊な立場ではなく、むしろ「一般的」な教師の姿だろう。確かに、本章で登場した〈教師〉たちはジェンダーを有していたが、友人関係をジェンダー（・バイアス）で捉える基盤が社会に存在しており（Chambers 2006＝2015）、〈教師〉たちも社会の一員であることを考えると、そうした社会の影響から自由ではない。だからと言ってジェンダー（・バイアス）を有した対応を許容してよくはないが、社会に存在するジェンダー（・バイアス）から自由に、あるいは批判的な態度を常にもち続けることは非常に困難だろう。

次に、子どもたちの実態が〈教師〉たちの認識を枠づけている。3年生の頃から続いていると認識されている女子たちの「排除し合う関係性」は、〈教師〉たちが学年の課題を考える上で重要な情報となっている。また、「女子」たちの相談や作文、日常の観察によって、「女子」が自分たちの関係性へ不信感や不安を覚えていることを〈教師〉たちは把握していく。むろん、女子たちのそうした言動は〈教師〉たちの働きかけから独立してないため、〈教師〉たちの対応によって女子たちが関係性へ注視してしまう側面もあることは前述したとおりである。したがって、〈教師〉たちの認識と女子たちの実態が相互に影響を与えながら、「女子」と関係性を結びつけつつ「ドロドロしたもの」という〈教師〉たちの認識を固めていったといえる。

そして、Z小が長年蓄積してきた「しんどい子」を中心に据えた「学級集団づくり」の成果も、〈教師〉

たちの実践を支えている重要な要素である。高橋先生はZ小の教育方針を長年精査しながら実践を蓄積し、非常に「力のある」教師だと周囲から信頼されていたし、その教育経験に対する自負もあるだろう。山本先生もZ小が初任校であり、Z小の教育方針のもと、教職経験を蓄積させている。様々な活動を通して「友達を大切にすること」や「自分の気持ちを伝えること」を重視した学年方針に則るならば、山本先生が「仲直りしたい」という意向を優先させようと試みたことや高橋先生が設定した話し合いも、女子たちへ無理難題を課しているわけではない。こうした学級運営や指導の方針は、〈教師〉個人の力のみで形成されているのではなく、これまでのZ小の歴史や教員文化によって形成されている。

こうした多様な状況や経験が〈教師〉であることに影響し、新たな教育実践を紡いでいく。その中には〈教師〉たちの論理があり、それをもとに成果を収めたり課題を有したりしながら、そのことも〈教師〉であることを構成していく。これらをふまえずに〈教師〉たちを「再生産の担い手」として批判することは避けなければならない。

最後に最も重要なこととして、山本先生の存在によってA組の人間関係は劇的に改善され、高橋先生の学級運営はC組の人間関係を非常に安定的なものにしており、学級運営の素人である筆者から見ても、2人の〈教師〉だからこそ安定した学級状況を維持できていることは明らかであった。このことを無視して〈教師〉たちの実践を批判することは避けねばならないし、安易な代替案を提案することも慎重な姿勢が必須である。例えば、今回取り上げた学級の課題に対して、「傷つきやすさを避けるモデル」から新たな介入方法を提案しても、それが成果をあげる保証はない上、学級の状況が悪化した場合、一番に責任を負わされるのは担任教師たちである。〈教師〉たちの実践が複雑な文脈の中で行われていることを考慮し、当該〈教師〉たちとともに新たな対応を模索する必要があるだろう。この点については、第6章で詳述する。

注

（1）学級運営や授業実践も、〈教師〉の価値観や経験が反映されると考えられる。教科書の解説書やhow-to本によって教師としてのスキルを獲得することも可能だが、実際に子どもたちの前で実践するとなると、それまでの（教職含む）経験や個人の価値観など、〈教師〉が反映された教育実践が行われると考えられる。

（2）教師―児童生徒間の相互作用にジェンダーが存在することを指摘した研究は（氏原 1996; 木村 1999など）、基本的に授業場面といった教師のコントロールが一定程度担保された状況であり、子どもたちの関係やその相互作用も自由ではないフォーマルな状況・関係を対象としている。つまり、友人関係というインフォーマルな状況・関係における子どもたちの相互作用が描き出せていない。その一方で、子どものインフォーマルな関係性とジェンダーを関連させた研究は（三島 2003; 宮崎 1993; 上間 2002; 知念 2018など）、教師との関係が描かれていないか、部分的な記述に留まっている。

（3）教師名、児童名は全て仮名である。Z小学校は、2学年ずつクラスを固定して進級し、担任教師も2年連続で同じことが多い。同じクラスではなく2年目から担任することを「飛び込み」と表現し、困難も多いと教師たちに認識されている。

（4）6年生を担当する教師陣は他に3人いるが、本章ではA組とC組を対象にしているため、学年団の詳細は6章に記述する。B組にも子どもたちのトラブルは存在したが、反抗的態度をとる特定の2人の対応に担任が追われており、友人関係よりも「特定の児童」と教師の相互作用場面が目立ったため対象から除外した。

（5）「しんどい子」とは、「『学力や生徒指導面で多くの課題をかかえた子ども』のことで、その背景には『家庭環境のきびしさ』がある場合が多い」（志水 2011: 8-9）。

（6）柳（2005）は、生活のすべてを覆うような多様な活動を抱え込んだ学級を「重たい学級」と呼び、学習機能に限定された学級を「軽い学級」と呼んでいる（柳 2005: 174）。「重たい学級」と「軽い学級」の是非を検討することが本章の目的ではないが、関西圏の学校では「『しんどい子を中心とする学級・学校づくり』という伝統」（志水 2011: 8）があり、そこで展開されている教育は、様々な活動が織り込まれながら学級集団が一体となって「しんどい子」を中心に子どもたちが育っていく、いわば「重たい学級」に根ざしたものである。「しんどい学校」は学習面を強化したくとも授業以前の問題を多く抱えており（高田 2011: 267–68）、学習機能に限定した「軽い学級」で対応することの困難がうかがえる。こうした「しんどい子」を中心とした教育活動は同和教育の伝統に根ざしたものであるが、そこでは「学力保障」と「集団づくり」という両輪が存在する（志水 2011: 12）。「集団づくり」とは、子ども集団の質を高める指導の総体を指し、「しんどい子に寄り添う」「仲間の生活の背景を理解し、共感する」といった側面が大切にされ」（志水 2011: 12）ており、「仲間を大切にする心」を育みながら連帯や協働を志向するライフスタイルを定着させるものである（志水 2011: 12–13）。「学級集団づくり」は、子どもたちの生活背景や子ども自身の考え方、感じ方などを学級で共有し（野口 1997: 61–64）、教師も子どもたちの生活や内面を把握しておくことが肝要となる（野口 1997: 64–68; 矢野 1989: 16–17, 28）。以上のように、関西圏の学校で行われている「集団づくり」の伝統は、柳が「重たい学級」と呼ぶ学級の性質を抱え込んでおり、それが一定の成果を挙げている（志水編 2009, 2011）。

（7） Z小では授業内容や講話に関する感想文はもちろん、「学級集団づくり」の一環として、行事へ向けた「自分の気持ち」や悩みなどを綴ることも多い。

（8） クラスで男女に分かれ、男女の各代表1人が子どもらに地面と並行に抱えられ、掛け声とともに足を支点にして一気に起き上がり、ポーズ後に背中から倒れて受けとめてもらうという組体操の演技の名称である。

（9） 橋本先生は班活動を重視し、中でも班長の役割は大きい。ここで代表に選ばれた男子は、班長を担っている者や学級委員の役割を担っている者である。また、女子たちの話し合い終了後にやや儀礼的であるものの、男子たちの人間関係についても15分ほどの話し合いが行われ、そこでは女子の代表が同様に参加している。

（10） 女子たちが一括りにジェンダーカテゴライズされる場合、「女子」と表記する。

（11） 道徳性の発達段階を権利や規則という「正義の倫理（ethic of justice）」の問題として描いてきたKohlbergの研究が男性中心のものであり、女性を排除してきたと批判したGilligan（1982＝1986）は、女性の道徳問題を人間関係における思いやりと責任の問題という「ケアの倫理（ethic of care）」として捉えている。

（12） これは現代のシティズンシップをめぐる責任論において要請される、私事や環境にとらわれない「自律的な主体」

であることと（岡野 2012: 48-49）軌を一にしている。岡野によれば、この「市民の責任論」はケアの関係や「依存」を公的領域から排除してきた（岡野 2012: 40-45）。岡野が考察する現代の公私二元論や、シティズンシップの枠組みを学級運営へ直接的に援用することは慎重な議論を要するが、学校教育が市民育成の機能を有していることから一定程度妥当だろう。

（13）Goodin は義務と責任を区別し、義務は特定の行動を実行することが求められるが、責任は特定の目標を達成することが求められると主張する（Goodin 1986: 53）。また、Goodin のモデルは「偶然に否応なくおかれた状態における他者との関係性」（岡野 2012: 177）が想定されており、自由に選択できない学級の人間関係を考察する上でも示唆的である。

（14）特に、三点目の難題の対応に女子たちが「失敗した」ならば、「本当の気持ち」よりも「グループへの配慮」を優先する「ドロドロした関係」を形成しているとみなされる。「男性の友情」を優位に位置づける社会において（Chambers 2006 = 2015: 24-26）、女子たちの「失敗」は「女子の友情」を劣ったものと評価することを促進するおそれがある。従来の「ジェンダーと教育」研究は、フォーマルな場面・関係において女子が劣位に位置づけられることを明らかにしてきた。これらに加え、インフォーマルな状況・関係においても女子が劣位に位置づけられるならば、女子の学校経験は全面的に「自らが周縁化された存在」として形成され続けることになる。これは看過できないことであり、ジェンダー秩序を変革するための研究・実践が一層必要である。

〔コラム③〕　友人関係とジェンダー

第3章の【場面6】のように、男子も「一人ぼっち」が不安であると表明しており、友人関係を重視するのは女子だけではありません。例えば、博報堂生活総合研究所が首都圏の小学4年生から中学2年生に行った「子ども調査2017」でも、「友達から無視されることはこわい」と答えたのが、小学男子49・6％・小学女子60・0％、中学男子60・6％・中学女子70・0％、「(友達に関して) 人と意見が違っていても、さからわない」と答えたのが、小学男子57・1％・女子67・5％、中学男子57・5％・女子68・1％となっており、多くの男子が無視という人間関係からの排除を恐れ、人間関係に左右されず自分の意見を表明することが困難だと認識しています。友人関係において女子と同様の対応や戸惑いを表明しても、女子のように焦点化されない男子の存在を明らかにする必要があります。

また、教職を目指す学生へのインタビュー調査において彼/彼女らの友人関係について尋ねた際、興味深い語りが拙論(2020) でみられました。女子学生は友人関係について「女子」と「グループ」を結びつけた上で否定的な評価を下す一方、男子の友人関係に対しては「言いたいことを言える」、「さっぱりした」関係として肯定的な評価を与えていました。男女の友人関係の認識自体も検討の余地はありますが、ここで注目したいことは、男子の関係性は肯定的な部分に焦点化される一方、女子の関係性については否定的な部分へ焦点化しており、非対称な対比を行った上で女子の関係性に否定的な評価が下されていることです。プレ調査なので拙論の知見を一般化することは難しいですが、今後、学校における友人関係とジェンダーを考える上で、「非対称な対比」は検討の余地があると考えています。

第4章
〈教師〉であることとジェンダー教育実践

本章では、ジェンダー教育実践が〈教師〉に苦悩を与え得るものであると同時に、〈教師〉の変容の契機にもなることを描き出すことを目的としている。第3章で見たように、〈教師〉たちの教育実践は様々な文脈に巻き込まれながら営まれており、〈教師〉としての経験や考え方もその一つであった。その上、男女平等を目指した教育においてジェンダーを考えることは、教師の〈私〉を否応なく巻き込んでいく（木村 2000）。つまり、ジェンダー教育実践を行うことやジェンダーについて考えることは、〈教師〉の経験や教育実践、考え方、言動、またそれらを支える価値観が問われることになる。本章では、ジェンダー教育実践が〈教師〉とどのような関係にあるのかを考察し、〈教師〉のジェンダー・バイアスを問うことが、当該教師へ大きな影響を与えることを明らかにする。

第1節　山口先生の人生、そして葛藤と変容

本節では、ジェンダー教育実践に取り組んでいる山口先生を対象に行ったインタビュー・データを使用する(1)。山口先生は、2010年代に人権教育関連の教員組織が行った関西圏の大会において、ジェンダー教育実践に関連する分科会で実践報告を行っていた(2)。その報告会で山口先生は、ジェンダー教育実践に対

して否定的だったが実践を通じてその認識を変化させたことを報告していた。また、詳細は後述するが、山口先生は人権教育に関する被教育経験や実践経験を豊富にもつ一方で、ジェンダー教育実践を行った経験はなかった。

第1項　人権教育との出会い

非常勤講師時代の2年を含む、教職年数十数年の山口先生（30代男性）は、母校であるB中学校（関西圏）で当時4年目を迎える体育教師であった。小学校時代には教職を目指すようになり、中学時代にテニスと出会うことで「クラブやっぱ教えたいな」と思うようになり、中学校教師を目指す。現在はテニス部の顧問をしている。もともと山口先生は、B中学校が位置するC市ではない他市の中学校を初任校として勤務し、他市転勤の希望を出しC市に異動する。教員採用時から「いつかはここに。B中で」という想いを抱いていたが、異動1校目で母校勤務となる。山口先生が語るに、B中学校は「部落問題学習[3]」を軸とした人権教育に取り組んでおり、そうした被教育経験が山口先生の思考に大きな影響を与えている。

山口先生1：自分が中学校の時に受けてきた人権教育がなければ、僕は他にここまで色んなことを考えるような人には、……なれへんやったやろなって思うんです。〔……は中略を意味〕

山口先生は小学生当時の自身を「利己主義」と評していたが、中学一年生時に「部落問題学習」の一環として友人の保護者が執筆した識字の作文を読み、それに多大な影響を受けて「部落問題学習」を中心とした人権教育に関心を持ち始める。そのため、B中学校では「部落問題」に限らず、「在日コリアン」や「平和学習」についての人権教育も行われていたが、山口先生２：正直情けない話なんですけどね、教師になる前は「人権教育は部落問題学習なんだ」くらいの意識やったんですよ。

という認識を抱いていた。この生徒時代に培った「部落問題学習＝人権教育」という認識が、Ｂ中学校への赴任とともに徐々に変化していく。

ゆっくり時間をかけて生徒指導を行いたいと考えている山口先生の想いとは裏腹に、体格が良く体育の教師ということもあって、初任校では生徒指導の最前線で「怒り役」として「生徒との闘いに明け暮れてた」山口先生は、Ｂ中学校へ赴任後、生徒指導の担当ではなくなる。そして、生徒指導や人権教育とゆっくり向き合う時間が確保され、様々な実践に取り組んでいくことで、やや限定的に捉えていた人権教育に対する視野を広げていく。

山口先生３：（Ｂ中学校に赴任してから）当事者意識って言うんですかね、「自分がどう思うか、どう考えていくか、このことを自分の中に入れて何かこう考えていけるようにならなあかん」ってなった時に、人権教育は別に、部落問題学習だけじゃなくて「色んなものが絡まるって言うかスパイラル的に関係してくる」という風なことに気づいていったんです。（（　）内は筆者による［以下、同じ］）

また、それまで抱いていた差別に反対する考えも、Ｂ中学校で出会う人々との相互作用を通じてより一層強化されていく。

山口先生４：「差別を認めへん」とか「許せへん」っていうその想いに関して、やっぱり僕が強く持つようになったのはＢ中に来てから。

さらに、重視している教師像を尋ねたところ、「絶対に差別を許せへん、そういう子どもを育てたいなって」と語っている。

このように、B中学校における生徒時代の経験は山口先生に多大な影響を及ぼしており、そのことが深く内面化されている。特に中学一年生時の「部落問題学習」は、山口先生の認識を大きく変化させる契機となっており、「部落問題学習＝人権教育」という認識を抱くほど、「部落問題学習」の経験は山口先生の価値観形成に大きく影響している。こうして形成された山口先生の価値観は、教職に就いた後も山口先生の関心事や教師の基準へ不可分に結びついていく。前者は「部落問題学習」を軸とする人権教育の重要視につながり、比較的時間が確保できるようになったB中学校では人権教育に関わる様々な実践に取り組んでいく。後者は「差別を許さない」という教師像につながり、それに関わる生徒指導や実践を行っていく。さらに、B中学校における教職経験は、山口先生がもつ反差別の価値観を一層強化し、「部落問題学習」を軸としつつも、より視野を広げた人権教育の実践へと山口先生を導いている。

第2項　未知なる体験と批判による葛藤

山口先生の基礎を形成する要因となったB中学校では、現在も人権教育を重視した実践を行っている。特に、山口先生の赴任以前から身体測定に力点が置かれ、「自分の成長を知る、プライバシー尊重、人と比べない」などに重点を置きながら男女混合名簿を用いて測定を行っている。この取り組みでは「性別に関わらず個人を尊重する」という方針から、プライバシーが保障された空間で一人ずつ測定を行っている。山口先生の赴任時には既に取り組まれており、第一印象について尋ねると、山口先生5：単純にびっくりですよね、「えー（男女混合の身体測定が）できるんかな?」っていう。その、リスクマネジメントの観点から考えると「男子だから女子だから」っていう分け方のほうがリスクは少ないんちゃうかって考えるんです。

と戸惑いを語っている。初任校では、男女別名簿が日常的に使用されていた一方、B中学校では混合名簿が使用されており、身体測定も含めて「雰囲気も全然違った」とその違いを語っている。この身体測定による取り組みは、地域でも「先進的な取り組み」という評価を受けている。

それまでの経験との差異に当初は戸惑いを感じ、男女で区分する方が「リスク」が少ないと考えていた山口先生にとって、「先進的な取り組み」である（男女混合名簿に基づく）身体測定は「未知の体験」として戸惑いを生んでいる。このことに加え、山口先生はもう一つ新たな経験をする。それがジェンダー教育実践である。前項でも触れたように、山口先生は「部落問題学習」を軸とする人権教育を重視していたが、ジェンダー教育実践については相当の距離をとっていた。

山口先生6：どうもね、（人権教育の一環として『ジェンダー教育実践』が必要であると）頭では分かっているんだけど、感覚としてね、男女共生(4)（を実践する）となると、違うんですよね。

これは【山口先生3】で人権教育について語った後に続いた発言である。それまで限定的であった人権教育に対する視野を広げた山口先生が、「男女共生となると違う」と考えるには二つの要因が挙げられる。第一に、ジェンダー教育実践を「どう取り組むのか」ということに対する「戸惑い」である。

山口先生7：やっぱり今まで僕、男女共生っていうものに関して避けてた部分があると思うんです。……何を教えてええか分かれへんかったんですよ。

山口先生はジェンダー教育実践に初めて取り組むまで、実践について学習したり関わる機会を持たなかったために、「何を教えてええか分かれへん」という戸惑いを感じていた。第二に、同僚教師のジェンダー教育実践が山口先生に「葛藤」をもたらしたことである。山口先生は以前、「部落問題学習」で「結婚差別」を取り上げた時、他の教師から「結婚に関する考え方が男性目線で偏っている」、「男性の家に女性が来ることを前提にしている」と指摘された経験をもつ。

山口先生8：授業する以上（性別を）フラットで考えているはずなんですよ。けどまぁ、「自分の男女共生に関する部分の捉え方とか、結婚に関する捉え方というのをもういっぺん考えないといけないいじゃないか」っていう風に言われて、ずっとモヤモヤしてたんですよ。「何でや」と。自分は教える立場として……（固定的な性別観による偏見ではなく、生徒それぞれが個性を持った）一人の子どもとして考えてるのに「何でこういうことを僕は言われてるんだろう？」と。

「授業する立場」として生徒の性別を意識しないように考えているはずが、同僚教師から「（固定的な性別観に基づく山口先生の家庭像を改めて捉え直すように）考えないといけない」と指摘されたことに山口先生は違和感を覚えている。「自分の中で（固定的な性別観を）意識しているつもりはなかったのか」を尋ねたところ、

山口先生9：あえて（生徒の性別を）意識しないように、無理やりやってただけに「（固定的な性別観が）出てるんかなぁ」みたいなんは、確かにありましたね。

と語っている。【山口先生8・9】は授業する立場である教師として、生徒の性別を「あえて意識しない」ようにしているはずの山口先生が、実践の中で無意識に固定的な性別観を表出しており、その部分を同僚教師から批判されている。これは山口先生に対する同僚教師の「インフォーマル×センシティブである」ジェンダー教育実践と言える。「何でや」、「出てるんかなぁ」という発言のように、同僚教師の指摘が山口先生に内面化された性別による偏見を顕在化し、「差別を許さない」というもう一つの価値観と矛盾が生まれることで山口先生に葛藤をもたらしている。

このように、ジェンダー教育実践で扱う内容や実践に関する方法への戸惑いと同僚教師の指摘から生み出された葛藤によって、山口先生はジェンダー教育実践から距離をとるようになる。特に、【山口先生6】で語られた「頭では分かっているのに違う」という感覚は、葛藤を経験したことで生み出されたと考えられる。そして、ジェンダー教育実践に取り組んだ後、山口先生は葛藤していた当時を振り返って以下のように語っている。

山口先生10：自分の中に言い聞かせてた部分、「当然そうでなくてはいけない的な部分」っていうのが、やっぱり男女共生に関してはあったんだと思うんです。……「男の子、女の子じゃない」と、「一人の子どもとして見るんだ」、「見て当然やん」って言うのが、何て言うんですかね、「見なければいけない」みたいな、教育をする者として「そうしないとあかんねや」という、何かこう、自分を追い詰めてた部分があるんだろうなと。

「言い聞かせていた」、「教育する者としてそうしないとあかん」という語りが表すように、山口先生は「教育をする者」として「性別による偏見ではなく一人の子どもとして見る」ことを、ある意味強迫観念のように自身へ言い聞かせており、そのことで「自分を追い詰めてた」と振り返っている。つまり、山口先生に存在する反差別と性差別という矛盾する二つの価値観がもたらす葛藤に対して、山口先生は強迫観念を伴った「教育する者」による対応を試み、そのことが山口先生自身を抑圧することになる。

以上、ジェンダー教育実践への戸惑いや、それがもたらす葛藤を経験した山口先生だが、次に述べる偶発的なジェンダー教育実践への取り組みが山口先生に思わぬ変化をもたらす。

第3項　子どもたちの多様性と自らの偏見への気づき

山口先生が担任する1年生の女子生徒を中心に「スカートめくり」、「体操服のズボンおろし」が起こる。この課題への対処を模索していたところ、人権教育関連の教員組織の方から「男女共生で頑張っていることないか」と尋ねられ、それを契機として「男女共生教育をきっかけに（人権教育の）色んなことに広がるものができないか」と、山口先生を中心に学校長や学年の同僚教師と協力しながら、「セクシュアル・ハラスメント」の観点を主としてジェンダー教育実践に取り組んでいく。具体的には、身体測定で重視していることのふりかえりと第二次性徴についての学び、友だちの気持ちを知るワーク、セクハラをなくすワークショップ、「自分も相手も大切に」という詩を用いたワークなどで構成された取り組みである。

取り組みの成果について尋ねたところ、「今回の取り組み単発」で大きな変化があったというよりも、実践を中心にした日常的な関わりによって生徒たちの態度に変化が見られたようである。

山口先生11：性的なことでの遊びというものが減っていったということよりもね……「別に人と考え方が違っても、別にいいんだ」っていうね、その中でこう、男の子の気持ち、女の子の気持ちみたいなものが「そこも感じ方が違うんやなぁ」みたいなところに気づいていけたっていうところの方が大きいかなと。

生徒たちの変化に加えて、それまで関心を向けてこられなかった男子生徒から新たな声が生まれたことも成果の一つとして述べている。

山口先生12：(男子には更衣室がなく、他者の視線にさらされた状況で着替えを行うことに対して男子生徒が)「だって俺らかって見られんの嫌やわ」とか、男子同士でね。……男なんかもう、ちょっと前やったらもう「端っこのほうで着替えとけ」みたいな感じがあったのが「俺らでも嫌やわ」っていうことを聞けたり。

このように、生徒の態度に変化が見られたことや男子生徒の新たな側面に触れたことで、山口先生はジェンダー教育実践を肯定的に評価していく。こうした生徒たちの変化に加えて、山口先生自身が変化したという。

山口先生13：やっぱり私自身の変化につながった部分。実際子ども達を何か変えようとしてやってる自分が大きく変わっていってるというのを、もう実感としてすごくあっただけに、そこは成果としては大きいかなと。

山口先生は自身の変化を肯定的に評価しているが、実際にはどのような変化が生じたのだろうか。

山口先生14：けどそのきっかけになる部分っていうのは、別段何もなく何かこう、そこにこう、本音と建前みたいなギャップがあって。けどやっぱこの取り組みしていく中でね、「やっぱり一人の子どもやん」みたいな風に気づけた。

【山口先生14】では、特別な出来事を契機に山口先生が劇的に変化したのではなく、ジェンダー教育実践を通じて「やっぱり一人の子どもやん」という認識を徐々に深めていったことがうかがえる。それまでも「一人の子ども」という視点は持っていたが、それは「教育する者」による半ば強迫観念的な認識であり、そのことが山口先生自身を抑圧するものとして機能していた。しかし、【山口先生11・12】の語りにあるように、ジェンダー教育実践を行うことで生徒たちの多様性を認識し、改めて「(性別ではなく各生徒が個性をもった)一人の子ども」として確認することができた。「本音と建前」という発言から分かるように、このことを通じて山口先生自身が反差別と性差別という矛盾する価値観、そして、その矛盾への「教育する者」による対応を認識するようになり、それぞれを相対化し、検討している。

山口先生15：色んな、こう人権教育する中でも、僕は「多様性をどう認めるか」、「他の人との違いをどう認めるか」。……この違いをたぶん僕は今まで受け入れてなかったんやろなと。……「男の子はこうだ、女の子はこうだ」っていう考えを、「やっぱり持ってたんやろな」って。何かその、その自分を認めれた時に、スッと何か気持ちは楽になったし、冷静に色んなことを見れるようになったかなと。

自分自身を相対化し、性別による偏見を持つことを認めることで、「差別を許さない」というある意味強迫観念を伴った抑圧から一定の距離を保てたのではないか。だからこそ、「楽になった」という発言が出たように思われる。

こうした変化は、ジェンダー教育実践を取り組むことだけでもたらされたのではない。それまで蓄積されてきたジェンダー教育実践の学習やB中学校で実践を共に作り上げてきた学校長を含めた学年集団も、山口先生の変化に影響を与えたと考えられる。また、赴任当初、山口先生を困惑させたB中学校の身体測定による長年の成果やそれを支える学校文化も、変化を促す要因として考えられよう。このように、多様な要因が重なり、ジェンダー教育実践を契機として、山口先生の考えや価値観に変容がもたらされたと考えられる。

第4項　「性別にとらわれない視点」の獲得とその成果

山口先生はジェンダー教育実践を通じた変化によって、更に自身を相対化していく。

山口先生16：（前述した「結婚差別」について考える授業実践を）よくよく考えてみると……やっぱり僕の中で「男子だから女子だから」っていう考え方を「あ、こら（これは）してたな」って正直気付ける場面って言うのがいっぱいあったんです。今でもじゃあ「それはないか?」って言われたら、僕はあると思ってるんです。けど、以前に比べて、そこは「男、女」とか「男子、女子」とかそういう分け方ではなくて、「一人の子どもとして対応できてる部分はあるのかな」というのは思いますね。

山口先生は葛藤を経験した当時を改めて振り返り、「男子だから女子だから」という価値観をもっていたことを認め、現在もそうした性別に対する偏見から完全に自由ではない自身を認識している。それでも「一人の子どもとして対応できてる」と、以前の自分とは異なっている評価を下している。これはジェンダー教育実践によって得た生徒たちの多様性への認識を通じて、性別にとらわれない視点から「一人の子ども」として生徒と相互作用することを意識的に重視するようになったことが関連している。

山口先生17：「男らしさ、女らしさ」、「らしさって何やねん」みたいなところは確かに、考えながら話はしてるかなと。これがね、考えずに話できるようになったら「もっと楽やろうにな」とは思うんですけど。

性別にとらわれない視点は新たに加わったものであり、意識的に「男／女らしさ」を問う姿勢がうかがえる。そして「考えずに話できる」ということを目指している。ただし、現時点で山口先生は反差別と性差別という矛盾する価値観が自身に併存していることを認識している。だからこそ、「考えながら」と山口先生が述べるように、性別にとらわれない視点を意識的に重視するよう心がけている。人の価値観は容易に変容せず、新たな視点が獲得されたからといってそれが自然に内面化されるわけではない。価値観そのものが即時的に変化しないということを山口先生も認識している。

山口先生18：ゼロが100に、振り子がこう振ることはないと思うんで、だからちょっと力ない子とか、「なんや、ちょっ、男らしないわ」とか、思うけど、前までやったらそれをね、僕は口に出してたと思うんですよ、「お前もっと力強くやらなどないすんねんこれから」みたいな。けどそれを言わなく、思っても「グッ」と止まるように（なりました）。

以前の山口先生であれば、「男は力が強い」という固定的な性別観を持ちながら生徒と相互作用することも自然なことであったかもしれない。しかし、自身の性差別的側面に自覚的になったことで、性別にとらわれない視点を意識的に重視し、男子生徒の多様性を認識し、固定的な性別観を早急に変化できずともそうした価値観が表出されないよう「グッと止まるように」実践を検討している。

さらに、ジェンダー教育実践を取り組んだことによる成果を山口先生は述べている。それは性的マイノリティに対する眼差しである。山口先生は非常勤で男子校に勤務していた際、ある男子生徒が別の男子生徒の手をとり一緒に手を洗う姿を目にして、「なんやねん⁉ なんですか⁉」という気持ちを抱き、受容しきれずにいた。その後、B中学校で類似の体験をする。顧問をしているテニス部の女子2人が、部活内の男子2人が抱き合っていたのを目撃し、山口先生にそれを「気持ち悪い」と訴える。ジェンダー教育実践に取り組む以前であれば、非常勤時代のように女子生徒と同様の拒絶反応を示していたかもしれない。ところが、その訴えに対して「まぁ色んなことあるんちゃう？　実際そういう子もおるやろ」と返せるようになったと山口先生は語っている。そして非常勤時代を振り返り、何百という男子生徒がいる中で、「自分にはない部分を違う男子に憧れる部分もあったんやろな」、「そういう気持ちになってる子は少なからずおるんやろな」と、男子の多様性を再確認し、以前とは異なる見解をもつようになる。

第2節　〈教師〉へ多様な影響をもたらすジェンダー教育実践

前節まで、ジェンダー教育実践によって自身に内在化された性差別的価値観に苦悩する姿や、偶然取り組み始めたジェンダー教育実践によって自身の価値観や考え方を相対化し、変容していく姿を山口先生の語りからみてきた。

個人が生まれた時からジェンダー関係に埋め込まれ、その影響を受けていることを踏まえるならば、〈教師〉もジェンダー関係から自由ではあり得ない。ジェンダー教育実践を行うかどうかの判断基準や〈教師〉自身がもつジェンダー観も、彼／彼女らの人生経験や価値観に規定される。容易には変容しない価値観も、例えば、結婚、生徒や保護者、同僚教師との出会いなどからもたらされる経験によって変容し得るし、〈教師〉のもつジェンダー観やジェンダー教育実践に対する認識も変化するだろう。反対に、自身の価値観を防衛することでジェンダー観を変化させない場合もあるだろう。

以上のことをふまえ、ジェンダー教育実践と〈教師〉との関係を考察していきたい(5)。

第1項　葛藤を生み出すジェンダー教育実践

中学校時代の被教育経験は、山口先生の価値観や〈教師〉としてのあり方の形成に大きく寄与しており、そのことが山口先生の〈教師〉としての教育実践や理念にも密接に関連している。この経験は、山口先生にとって非常に大きなものだったと言える。そして、B中学校赴任後の教職経験もそれまでの経験や価値観と連続したものとなっており、山口先生の〈教師〉としてのあり方に対する確信を強化していったと考えられる。また、B中学校へ赴任してから「人権教育」の視野を広げ、反差別の価値観を強化しており、山口先生も自らの実践や姿勢に一定の自信を持っていたかもしれない。そんな中、同僚教師の指摘が山口先生自身は認識していなかった性差別的価値観を顕在化させる。この指摘によって、山口先生に反差別と性差別という矛盾する二つの価値観の混在が明らかにされ、山口先生に葛藤をもたらすことになる。山口先生に多大な影響を及ぼした同僚教師の指摘もまた、大きな契機だろう。

自身の価値観の矛盾に対する葛藤を感じた山口先生は、自らの性差別的な考えに対して、それまで培ってきた反差別の価値観と、それに規定される〈教師としてあるべき姿〉へ強く依拠することで対応しようとする。その結果、一時的ではあるが〈教師としてあるべき姿〉による反差別の価値観のみが独り歩きし、何よりもまずその価値観が優先されることになった。極端に言えば、それまで山口先生が培ってきたジェンダーを含めた様々な価値観や経験が抑圧され、〈教師としてあるべき姿〉のみで実践を行おうとしていたのかもしれない。特に、反差別の価値観を強く抱き、またそれへの自信を深めていた山口先生だからこそ、葛藤や抑圧もより強いものになったと考えられる。

ジェンダー関係が日常において構成され、「ジェンダーは、意識的に取り上げられない限り、存在しないも同然である」（Connell 2002＝2008: 94）という指摘は、ジェンダーによって生み出される差別が捉えにくいことを意味する。また、個人が自身の価値観や態度に対して、常に意識的・自覚的であることも容易ではない。そう考えると、自身に内面化された性差別的な考えは二重に認識し難いものである。だからこそ、差別に敏感であり、「部落問題学習」を軸としながら多様な「人権教育」に関心をもつ山口先生も、同僚教師のジェンダー教育実践によって批判にさらされるまで、自らのジェンダーに関わる価値観を認識していなかったのかもしれない。そして、認識していなかった差別的側面が突如として顕在化させられたからこそ、即座に対処できず葛藤が生じたと考えられる。

第2項　変容の契機としてのジェンダー教育実践

山口先生はジェンダー教育実践に取り組むことで生徒たちの多様性を認識し、そのことを通じて「一人の子ども」という視点を再認識している。生徒という他者の態度を通じて、山口先生は自身の自己を対象化し、反差別と性差別という矛盾する価値観や、〈教師としてあるべき姿〉による対応を認識することにつながり、そのことで〈教師としてあるべき姿〉による強迫観念とも一定の距離を保てるようになる。確かに、個人の価値観は容易に変容しない。それを対象化したからといって価値観が大幅に変容するわけではなく、性差別的側面の解消につながるわけでもない。山口先生もそのことは認識している。しかし、ジェンダー教育実践を通じて、山口先生は自身の性差別的側面に自覚的になり、性別にとらわれない視点を重視するために、意識的に固定的な性別観を問う姿勢や自らの実践を批判的に検討するようになる。一見すると、「性別ではなく一人の子ども」という考えは山口先生の中で一貫しているようであるが、ジェンダー教育実践を経験することでその内実に大きな違いが生まれる。ジェンダー教育実践以前の山口先生は、「性別を意識しない」ことを心がけているものの、自らのジェンダー・バイアスやそれが生み出すものに対してはほぼ無関心であった。それに対して、ジェンダー教育実践を経験後の山口先生は、自らのジェンダー・バイアスを認識した上で、「一人の子ども」という意識をもつようになっている。セクシュアル・ハラスメントに対するジェンダー教育実践を作成していく当初に「センシティブである」かは明確に判断できないが、「フォーマル」なジェンダー教育実践を通じて、徐々に「センシティブである」要素も加わっていくことで、こうした山口先生の認識の変化が生み出されたと言えよう。

　このように、ジェンダー教育実践を通じて、山口先生は自分の価値観を内省するようになる。そして、既存の価値観を問い直し、自身の性差別的な考えへの自覚という新たな価値観や、その批判的検討といった態度を生み出している。以上を鑑みれば、ジェンダー教育実践は、山口先生の〈教師〉としてのあり方や価値観を変容する契機として機能していることが示唆される。その変容の一端をうかがえるのが、前述した性的マイノリティ[6]に対する眼差しの変化である。以前の山口先生にとって、非常勤時代の男子生徒の姿は受容できず、場合によっては拒絶の対象であったが、ジェンダー教育実践を通じて男子生徒の多様性を受容することとなった。

　ただし、こうした変容はジェンダー教育実践を行えば自然に生じるわけではなく、【山口先生14】の語りからうかがえるように、大きな出来事を契機として山口先生が劇的に変容したのでもない。実践に取り組むための学習、ともに実践を作り上げていく同僚教師集団、またそれを支える学校文化、実践を通じた生徒たちの変化やその成果など、多様な要因が重なる中でジェンダー教育実践が契機となったことを山口先生は再解釈している。

第3節　〈教師〉であることを見据えて

以上のように、山口先生とジェンダー教育実践との関係は単純なものでなく、山口先生の自己変容過程も決して平坦なものではない。山口先生が長い人生で培ってきた〈教師〉としてのあり方は、学校における他者やジェンダー教育実践と複雑に関連しながら形成されていく。山口先生たちが取り組んだジェンダー教育実践は、「フォーマルな」ものであったが、その取り組みを通じて、〈教師〉自身が認識していないような価値観をも可視化し、結果的に「ジェンダー・バイアスにセンシティブである」ことへ繋がっていく。もちろん、他者からであれ教師自身からであれ、「インフォーマル×センシティブである」ジェンダー教育実践によって教師のジェンダー・バイアスを可視化・修正を試みることは、学校におけるジェンダーをめぐる教育課題へ対抗する立場から見れば非常に意義がある。

しかし、だからと言って〈教師〉たちが「意義のあることだから」と、自らのジェンダー・バイアスに対して積極的に向き合うことや、自らの価値観を批判的に検討し修正していくとは限らない。山口先生は葛藤や変容を通じてジェンダー教育実践を肯定的に評価しているが、反対に、ジェンダー教育実践が葛藤を伴うだけで、〈教師〉にとって肯定的な変容をほとんどもたらさない可能性も十分考えられる。その場合、〈教師〉であることを欠落させた議論や批判は、対象となる〈教師〉に負担や抑圧を押し付けるだけになる危険性もあるだろう。本章で見てきたように、〈教師〉に内在した性差別的な価値観は非常に可視化しづらい。ましてや多くの〈教師〉たちはジェンダーに関する学習を修めていない可能性が高く、自身の性差別的な価値観と相対する経験も有していないかもしれない。それでも、「意義のあることだから」と〈教師〉の人生を無視した形でジェンダー教育実践を行っていくことが、果たして有効なのであろうか。教師の役割として、ジェンダー教育実践を行うこと、ジェンダー・センシティブな視点を持つことを要求することは容易だが、そこに〈教師〉であることを考えた場合、〈教師〉がその要求を受容することは困難を有する、もしくは非常に長い年月を要するのかもしれない。〈教師〉のあり方と密接に関係するジェンダー教育実践だからこそ、こうした困難が生まれるのかもしれない。

注

（1）インタビュー実施日は2010年代である。インタビューは半構造化面接法を用い、内容は全てICレコーダーにて録音し、全て文字化している。質問内容は、取り組んでいる実践やその結果への認識、実践に対する意識などである。

（2）山口先生とは面識がなく、実践報告会終了後に直接インタビューを依頼し、承諾を得て行った。山口先生が特定されないようデータに影響しない範囲で内容を一部加工している。

（3）関西圏では、被差別部落に関わる様々な人権課題について学習すること（例えば、被差別部落に関する歴史や識字問題、結婚差別など）が歴史的に根付いており、人権教育の一環として積極的に行われている。被差別部落に限定することなく、他の人権課題と関連して学習が展開されることも多い。

（4）この県ではジェンダー教育実践に関わる実践・取り組みを「男女共生教育」と称する。

（5）この考察は、J.Nias（1989）の教師の「自己」に関する議論をもとに行なっている。詳細は本書末尾に記載された初出一覧の文献を参照されたい。

（6）本章の事例では、男子生徒同士の同性愛的行為のみの紹介だが、インタビュー中にトランスジェンダーの知人について語る場面もあり、山口先生の性的マイノリティに対する認識は限定的なものではないことがうかがえた。

[コラム④]　名簿・整列などや身体測定の男女混合

名簿や整列、教室の座席配置を男女混合（男女別に分けない）にすることも教室の「風景」を変化させる重要なジェンダー教育実践です。名簿が男女混合であるか否かは自治体によって異なります。例えば九州の小学校における実施率は、福岡市、福岡県や熊本市など、ほぼ全校で実施している自治体もあれば、佐賀県45・34％、鹿児島県23・3％と半分にも満たない自治体もあります。また、中学校の方が実施率は下がる傾向にあります（毎日新聞2018・9・4「混合名簿：宮崎の小中学校で急増　地域に戸惑いも」）。調査によって数値にブレがありますが、混合名簿実施率の全国平均は小学校で80〜90％、中学校で60〜70％程度であることが多いです。

もともと男女混合名簿を用いている学校へ勤務する方からすると、「今更?」という感覚があるかもしれませんが、男女混合にする意義について簡単に説明します。何度か触れたように、「性別」という情報は私たちの実践を左右させてしまいます。名簿や整列などを男女混合で行うことは視覚的・空間的に「性別」という情報を持ち込ませないようにする意義があります。

また、男女別名簿には問題点もあります。男女別名簿の大半は「男子が先、女子が後」の順番で並んでいます。名簿に合わせて、行事や整列なども「男子が先」という順番がベースになるでしょう。学校側が常に「男女は異なり、男子が優先」を運用することで、子どもたちはそのことを隠れたカリキュラムとして学ぶのです。例えば、「白人／黒人」、「社会的経済的地位が高い家庭の子ども／低い家庭の子ども」を区別して、「前者を先、後者を後」にする差別的扱いを正当化する人はいないでしょうが、男女別名簿は「自然」を装ってそれが運用されているのです。

最後に、第4章で登場した身体測定（あるいは健康診断）を男女混合で行うジェンダー教育実践について、驚かれた方もいるでしょう。ところがよく考えてみると、それほど突拍子もない取り組みではありません。なぜなら、私たちが日常生活で病院を利用する際、身体測定や内科検診といったレベルの診察が男女別で行われることはないからです。自分の身体・健康にかかわる情報は非常にプライバシー性が高く、本人が重大なコンプレックスをもって悩んでいるかもしれません。「同性集団なら身体測定を一緒にしていいだろう」ではなく、「一人ひとりを尊重する」ことに主眼を置き、プライバシーを守ることを徹底することで、男女混合による身体測定や健康診断も可能になります。

第5章　〈教師〉集団だからできること／難しいこと

第1節　ジェンダー教育実践を個人化させないために

本章では、ジェンダー教育実践が〈教師〉集団で行われる素地が既に存在していることを明らかにするとともに、ジェンダー教育実践だからこそ〈教師〉集団の連帯が部分的に難しくなることも明らかにする。ジェンダー教育実践を行えば必ず教師がジェンダー・バイアスにセンシティブな視点をもつわけではなく、第4章の山口先生の自己変容に対する肯定的な認識は複数の偶然性が重なった産物とも言えよう。さらに、「センシティブである」ジェンダー教育実践を〈教師〉自身の価値観へ向けた場合、肯定的であれ否定的であれ何らかの変容が生み出されるかもしれないが、それを引き受けるのはその〈教師〉自身であり、〈教師〉本人による自己解決が求められる。つまり、〈教師〉たちの価値観が多様だからこそ、ジェンダー教育実践の成果が最終的には「その人の対応次第」といったように〈教師〉個人へ依存することになる。

偶然性と個人への依存という課題を含みつつも、ジェンダー教育実践によって〈教師〉のジェンダー・バイアスが批判的に検討され、肯定的な変容をもたらす可能性があることもまた事実である。したがって、ジェンダー教育実践に携わる機会を増加させつつ、変容可能性の契機を生み出す「偶然の数」を増加させることが有効な方法の一つではないだろうか[1]。しかし、機会の増加を教師個人の努力へ求めることは限界がある。第2章でも見たように、ジェンダー教育実践の学習機会を教師教育がフォーマルに提供しているとは言い難いため、ジェンダー教育実践に関心をもつ教師が多数いることを想定するのは現実的ではない。

そこで重要になるのが教師集団による連携である。少なくない教師たちがジェンダー教育実践に取り組み、その成果を報告している[2]。こうしたジェンダー教育実践に関心をもつ教師たちが、個人の取り組みで完結することなく勤務学校において教師集団として連携し、学年や学校全体による取り組みへと広げることができれば、「偶然の数」を増加させることにもつながるだろう。

表5－1　インタビュー協力者の基礎データ

	性別	勤務校	教職年数
鈴木先生	男	高校	26
織田先生	男	小学校	12
宮崎先生	女	中学校	8
熊谷先生	女	高校	36
高岡先生	女	小学校	33
山口先生	男	中学校	12

注：第4章に登場する山口先生である.

本章では、学年団や学校全体によるジェンダー教育実践を行った経験をもつ〈教師〉たちへインタビュー調査を行い、実践に至った経緯や〈教師〉たちが重視しているもの等を分析することで、〈教師〉集団による取り組みが何を意識しながら行われているのかを明らかにしていきたい。

第2節　〈教師〉集団によるジェンダー教育実践と「子どもたちの実態」

ここでは、ジェンダー教育実践に取り組んでいる教師を対象に行ったインタビュー・データを使用す学校教師の語りをみていこう。

に行われていたことである。(4) まずは、子どもたちの実態を切り口にジェンダー教育実践が取り組まれた小

る。(3) 教師の語りから見えてきたのは、教師集団によるジェンダー教育実践が「子どもたちの実態」を中心

第1項 「子どもたちの実態」からスタートする

ほとんどの対象者がジェンダー教育実践を行うまで体系的な学習をしておらず、教職に就いた時点では関心ももっていなかった。むしろ、子どもたちや地域の実態に〈教師〉として触れる中で関心を持ち始めている。そして、子どもたちの実態を始点としてジェンダー教育実践が生まれている。

高岡先生：基本的にここへ（勤務校）来てからが大きいですね、うん。理由はね、やっぱしここの子どもたちが、土地柄っていうか、こう「男尊女卑」とは言わないけれども、やっぱし「男は強くなければならない」、「女の子は別にもう大学行かなくてもいいやん。高校まで出ていれば御の字や」と。で、中にはもうお母さんたちが非常に若くって、私が来た時点でもやっぱり16歳、17歳、18歳で子どもを産んでいる親、だから小学校1年生上がった時点で、22、3の人。っていうのが結構って言うか何人かいて。（この学校へ）来た時に性教育がすっごいバッシングがあった頃でね、やっぱり「性教育どうするか?」というあたりが入ってて。（中略）「18の時に結婚するしない」、あるいは「中学校卒業したら即ママになる人たちがいる」という（地域の）中で性教育はしておかないと「子どもたちの一生に関わることでしょう」と。「やっぱりきちんと系統立ててせないかんでしょう」っていう話はなされました。

（中略）

筆者：やっぱり地域の実態というのが大きいですか？
高岡先生：大きいですね、うん。やっぱし、それこそ中学校くらいから、ほっといたら性交渉もするやろうし、その中で、やっぱり、望まれない子どもも出てくる可能性も大きいし、色んな意味で、知らないことは、やっぱし「罪になる」場合もあるから、「それはあかんやろ」と。で、まぁ保護者もそのあたりはすんなりと、今んところ何の文句もなく。（（ ）内は筆者による。以下同じ。）

この語りから、子どもたちの実態を踏まえてジェンダー教育実践を取り組み始めたことがうかがえる。実践を行う以前に「みんなでちょっと（児童の実態に対応した実践について）しゃべりながら、それを職員会議にかけた」と語っており、教師間で様々な意見交換を行っていた経緯がある。ここでは「みんなでちょっとしゃべりながら」という関係性や話題が流動的であるコミュニケーションをスタートにして、「性教育」という新たなジェンダー教育実践を学校全体で行うことへ繋がっていく。また、高岡先生の勤務校は日常のやりとりも頻繁に行われている学校であった。ただし、1年生以外が単学級という小規模校であり、「みんなでちょっとしゃべったこと」が学校全体へ共有しやすい環境だからこそ、ジェンダー教育実践へつなげることが容易だったこともあるだろう。さらに、「子どもたちの課題に学校全体で取り組む」という共通認識が学校運営の前提であると高岡先生は述べていた。だからこそ、新たな実践が学校全体の取り組みへと拡大することを可能にしている。こうした前提は、1学年4クラスの学校規模である織田先生の語りにも見られた。

（「共通認識を作っていくことは意識しているか」という質問に対して）
織田先生：うん、もうそれは日々そうですよね。大きい学校だから、やっぱり教師によって指導のブレがあったら子どもが迷ってしまうので。情報交換を密にして同じ視点でね、子どもに指導にいけるように、それはすごく気を使っていますね。

そして、共通認識を前提にしているからこそ、子どもたちの実態に応じた実践の意見交換や共有も容易になる。

織田先生：たぶん、同じ学年を組んでいたら、目の前にしている子どもの実態って言うのが、たぶんあるので。そこは共通理解できると思うんです。そこを出発に「今の子たちにこんな取り組みが必要かな」とか、「こういう働きかけがいるかな」っていう話をしていくと思うので。そんな真正面から（他の教師と）対立することはないと思いますね。

この語りから、学年の〈教師〉集団による様々な意見交換が日常的に行われている様子がうかがえる。こうした土壌を支えているのが、子どもたちの実態の共通認識を前提とした教師集団の凝集性である。教師集団の凝集性はともすれば「調和の優先」による新たな試みを妨げる場合もあるが（永井 1977）、子どもたちの実態へ取り組むコミュニケーションの共有・拡大を円滑に進める側面もある。

ここまでは子どもたちの実態から学校全体によるジェンダー教育実践が始まることや、そうした実践が〈教師〉集団へ広がるためには日常的な「おしゃべり」を含む情報共有や共通理解が重要であることを見てきた。高岡先生と織田先生はどちらも小学校勤務であるが、中学校や高校において、〈教師〉集団による実践はどのように行われているのだろうか。

第2項　ジェンダー教育実践を制度化する

熊谷先生と鈴木先生の勤務高校ではジェンダー教育実践に限らず、幅広い人権教育の学習機会を提供している。特に「デートＤＶ（ドメスティック・バイオレンス）防止教育」は学校全体で取り組まれている。これは当初鈴木先生を中心に企画され、「人権ホームルーム」の時間に受講希望の生徒を対象として行われていた。その後、「実践が成果を挙げた」ということに加えて、生徒間で深刻な交際トラブルが発生し、対応の必要性が叫ばれたことから「デートＤＶ防止教育」が学校全体の取り組みとして拡大していく。「交際トラブル」という勤務学校独自の課題である状況を媒介にしながら広がった実践は、学校の中で制度化されていったことが以下の語りからうかがえる。

熊谷先生：（デートＤＶの内容を）とにかくどっかの学年で1回は必ずやります。

「とにかくどっかの学年で1回」という語りは、必ずしも子どもたちの間で「交際トラブル」が存在しない学年であっても、「デートＤＶ防止教育」の取り組みが行われることを意味している。これは高校という比較的規模の大きい状況を考えると、学校全体の実践として位置づけるためには一定の制度化が必要になり、子どもたちの実態に左右されずに行う必要があるからだろう。それに加え、「交際トラブルに発展する潜在的可能性への対応」も意図されていると考えられる。

この実践の内容は熊谷先生を中心とした一部の〈教師〉によって考えられ、それを学校全体の取り組みにしており、ややトップダウン的で取り組みが行われているが、学校全体の中では必要なものとして認識されている。(5) 学校全体の取り組みとして制度化された実践だからこそ、子どもたちや教師の入れ替わりが毎年あったとしても比較的安定して実践が継続される。

もう一つ、子どもたちや教師の入れ替わりの影響を受けにくいものとして、外部の教材が挙げられる。宮崎先生が勤務する中学校では、自治体が作成した冊子を用いて「デートDV防止教育」の実践が行われている。「市の冊子」は様々な学校で扱える汎用性があるため、学校現場の文脈に左右されずに扱える利点がある。また、「男女関係のトラブル」への対応が必要になったとしても、特段の準備をせずに教材を使用できることも大きな利点であろう。

以上のように、ジェンダー教育実践の制度化や外部教材を用いる利点についてみてきたが、ここで立ち止まって考えたい点が2つある。まず、熊谷先生、宮崎先生の勤務校において、ジェンダーをめぐる教育課題への対応からジェンダー教育実践が選択されたというよりも、子どもたちの「トラブル」対応に主眼が置かれている。このことについては第3節で詳述する。次に、ここで登場するジェンダー教育実践は必ずしも子どもたちの実態を踏まえながら行われているわけではないため、子どもたちの実態との間にズレが生じ、実践が目的化してしまう弊害も存在する。

山口先生：(男女平等教育の公務分掌もあり) 冊子とかもあって、例年通り「1年生これ、2年生これ、3年生はこれ」っていうのは、決まっていることというのはすごく大切なことではあるんですけど、今の子ども達の現状にあったことってなると「ちょっと違うかな」って。

鈴木先生：生徒の実態から出発せずに (実践を) 作るとね、スベるんです。

実践が目的化し子どもたちの実態と乖離することで、実践そのものが「スベる (失敗する)」ことも起こりうる。実践の成果を挙げるためには、子どもたちの実態に即す必要性があることを教師たちは強調していた。

第3節　ジェンダー教育実践をめぐる困難

ジェンダー教育実践を教師集団で取り組む〈教師〉たちの語りは、「子どもの実態」を始点や媒介にしていることがわかった。子どもたちの実態と乖離するリスクはありつつも、時にはジェンダー教育実践を制度化したり、外部の教材を用いることも教師集団で取り組みを進めるためには有効であるといえよう。しかし、〈教師〉集団で取り組むためにジェンダー教育実践はいくつかの困難を有している。

第1項　共通認識をもつことの難しさ

そもそもジェンダー教育実践は、学習指導要領の中で明確な位置づけを与えられていない。したがって、「総合的な学習の時間」などを用いて学校や教師個々の裁量によって行われる。教育課程で正式に位置づけられていないことから、ジェンダー教育実践を行うための意義を獲得しなければならない。

また、ジェンダー教育実践の必要性に関する社会の認識そのものが揺らいでいる。一方で、「男女共同参画社会基本計画」のようにジェンダー教育実践を奨励するものが存在し、他方で、前述したバッシング現象によりジェンダー教育実践を妨げるような事態も生じている。こうした揺らぎは、ジェンダー教育実践の必要性を訴えかけることを困難にする。しかし、社会における認識が錯綜する中でも、都道府県や市町村のレベルでジェンダー平等教育の必要性をみとめ、ガイドラインや教材が作成されている例は多い。

そうしたものを機械的に取り入れることも可能だが、実践が目的化し、子どもたちの実態から乖離した結果、「スベる」危険性もある。そのため、成果のある実践を目指すならば、やはり子どもたちの実態を始点、もしくは媒介にする必要がある。つまり、ジェンダー教育実践を開始するためにも、また、子どもたちに対して実践が成果を挙げるためにも、実践を教師集団へ拡大するには、勤務学校やそこに所属する子どもたちの実態に即すことが必要になる。そのため、数ある教育実践（例えば、生活態度、学力、保護者と生徒の関係などの課題への対応）の中から、ジェンダー教育実践を行うための合意形成を常に必要とする。

こうして、教育課程において正式な位置づけを与えられていないジェンダー教育実践は、子どもたちの実態に即した数多の実践の一つに位置づき、学校教育外にその必要性を求めようにも、それを支える社会の認識も錯綜している状況にある。こうしたことは、ジェンダー教育実践に限られた話ではなく、教育課程に正式な位置づけを与えられていない取り組みは、同様の難しさがあるだろう。

では、ジェンダー教育実践に固有の困難はないのだろうか。実は、ジェンダー秩序を問うこと、同僚〈教師〉への働きかけ、という2点にジェンダー教育実践固有の難しさが存在する。次にそれをみていこう。

第2項　ジェンダー秩序を問うことの難しさ

まず、「男女間における力関係の不均衡」といったジェンダー秩序そのものを問うことの難しさである。この難しさの一つに、男性中心の学校文化が存在していると考えられる。熊谷先生はトランスジェンダーの当事者生徒たちの存在を考え、性別で制服を区分するのではなく「A制服・B制服」という案を所属する人権部会へ提案したところ反対にあう。

熊谷先生：人権部会の中のある男の先生が（生徒指導部長と）同じことを仰ったんですよ。「え、男子がじゃあそしたらスカート履いたりとかするんですか?」って。「えー?」ってみんな一斉に同じこと言うじゃないですか。それでもその彼はね、「障害は障害なんだから」っていう言い方をしはったんです。ちょっとすごい私、未だに引っかかって忘れられへんのですけど。「障害は障害なんだから、障害は乗り越えるもんなんだから、学校にはルールがあるんだからそれを乗り越えさせないと」言いはったんです。「それは違うんじゃないですか?」と。やっぱり学校としては、出来るだけ来やすい形にしたいのに、なんか「乗り越えさせるって」とか思ったんですけどね。

熊谷先生の制服の提案に反対した男性教師は「男子がスカートを履くこと」、「学校のルールに即して障害は乗り越えるもの」を理由として挙げている[6]。男性教師の理由は「男子が女子の格好をすること」へ反対、あるいは拒絶反応を示していることが分かる。続いて熊谷先生は、勤務学校に存在する「女性教師は保護されるもの」というメッセージを男性教師たちから発せられたことを語っている。

熊谷先生：あんまりこの頃そんなね、「男やろ」とかそんなん言う人は、面と向かって言えてないとは思いますけど。例えば、こんなことがあったんです。生徒なかなか「ガチャガチャさん」がいてたりするじゃないですか。それで、今の校長ではないですけど以前の校長なんかは、「女の先生でも」って言いはりましたね。「しんどくなったら言ってきてくださいね。いつでも言ってください」。だから「か弱い女は俺らが守ったる」っていう。そこがちょっとね、なかなか苦しいんですよね。（中略）この前でも学年主任が私に言いはりましたね。その人はこの学校でも指折りの、あの、怖い先生って言うか。（熊谷先生の授業直前を担当しており、入れ替わりの際に「怖い先生」が）「あいつら疲れてまっせ。何かガチャガチャ言うたら隣りのA組でやってますから言うて来て下さいね」みたいなこと言うんですね。「なんでやねん」と、「絶対言いに行けへんぞ」って。そういう感覚はずっとありましたね。

傍線部のように、生徒たちが「ガチャガチャ」した際、男性教師たちは女性教師である熊谷先生へ対応援助の要請を出すよう声をかけているのに対して、熊谷先生はそうした男性教師たちの発言を「なかなか苦しい」、「絶対言いに行けへんぞ」（波線部）と反発している。[7] これらの発言から、「女性教師は守られる（一人前ではない）存在」として位置づけられて、「最終的に問題へ対処する主体は男性教師」という意識を男性教師たち、しかも学年主任や校長といった管理的な立場にいる者がもっていることがうかがえる。

こうした女性教師を「守られる（一人前ではない）存在」と位置づけるような男性優位／女性劣位の学校文化は、熊谷先生の勤務校に限った話ではなく宮崎先生も男性中心の学校文化を語っている。

宮崎先生：「何でそんな人権問題って声高にやってるのに女性差別を取り上げないんやろ？」って、ずっとここ来てから漠然と「何なんやろ、この感覚は」って。先生たちの発言とか、子どもに対する発言とか聞いてても、やっぱり「その意識が低いな」と思うことはよくあったんですよ。（中略）同じことをしても女子に対しての視点の方が「きちゃない」目で見るような。非行行為であったりとか、犯罪行為でも女子に対してはちょっと、何やろ、「男子に対するおおらかさと違うな」とは、それは常々今でも感じてて。

宮崎先生の勤務する中学校は人権教育に力を入れており、宮崎先生もその成果を感じてはいるものの、同じ逸脱行為であっても「男子」と比べて「女子」に対しては蔑むような視線などから、女性差別に対する問題意識の相対的な低さを感じている。[8] こうした学校文化の中でジェンダー教育実践を行っていくことの限界について、宮崎先生は次のように語る。

宮崎先生：やっぱり教師の世界って男の世界なんですよね。その中でデートＤＶとか「女性が主な被害者で、男性が主な加害者になるようなこと」って取り上げにくいですよね。限界があると思う。

「男の世界」である教師文化において、「男性が加害者／女性が被害者」となる題材を行うことは困難であることがうかがえる。もちろん、これらの語りは宮崎先生個人の主観であり、ここから勤務中学校の文化を論じることは慎重さが必要となる。また、宮崎先生の勤務中学校が女性差別を推進しているわけではないことは強調しておきたい。しかし、「男性が加害者／女性が被害者」が主題となる「デートＤＶ防止教育」の取り組みは、積極的に行われたわけではないことが宮崎先生の語りからわかる。

宮崎先生：（市のデートＤＶ防止教育の冊子が）届いても、色んな行事が先で後回しにされて、でもその間にもやっぱり三年生だと男女関係のトラブルとか出てくるんですよね。それを見てて、「やっぱり（デートＤＶ防止教育の取り組みを）やらなあかんかな」っていうので、三学期になったたって感じ。

「後回し」と語られるように「デートＤＶ防止教育」のジェンダー教育実践が積極的に位置づけられたというよりも、「男女関係のトラブル」への対応が必要なことから「やっぱりやらなあかんな」と取り組まれたのである。先に見た熊谷先生の勤務校同様、宮崎先生が語る「デートＤＶ防止教育」のジェンダー教育実践が行われた背景には、ジェンダーをめぐる教育課題への対抗を目指したというよりも、「交際（男女関係の）トラブル」へ対応する必要性に主眼が置かれているのである。「男女関係のトラブル」の背景に地域や勤務校における広い意味での「暴力の文化」やそれへの暗黙の承認があり、現状の対応とは異なるアプローチを宮崎先生は提案するが、その視点はなかなか浸透しない難しさを語っていた。

熊谷先生、宮崎先生の語りを一般化することはできないが、男性中心の学校文化の難しさを認識している彼女たちが、「男性優位／女性劣位」である既存のジェンダー秩序を問うジェンダー教育実践を積極的に推進したり、〈教師〉集団による取り組みを行うようリーダーシップを発揮することは容易ではないだろう。

第3項　同僚〈教師〉へジェンダー教育実践を求める難しさ

ジェンダー教育実践を行っている〈教師〉たちが重視しているものは何か。調査対象者全員は共通して、教師自身の日常における言動への注視を非常に重視していた。

織田先生：(ジェンダーに関わる内容について) その勉強を教師が一番しなあかんと思うんですよね。普段接しているのは教師だから。言葉には出さないけど、態度でメッセージが伝わっているので。

こうした教師自らの日常的な態度や言動への注視を行うジェンダー教育実践は、授業としてジェンダー教育実践を行うことよりも重視されていた。自らの態度や言動を注視することに積極的である彼／彼女らだが、同僚〈教師〉に対してそれを求めることには慎重な態度をとっている。例えば、宮崎先生は「暴力の容認」や女性差別的なまなざしに対して別の指導方法を模索しているが、同僚〈教師〉との間でその必要性に対する共通認識がない場合、それを同僚〈教師〉へ早急に求めることは「おこがましい」と認識している。

宮崎先生：えっとね、あんまり焦らないようにします。だって私もそうだった時ってあるし、それもやっぱり、この世の中で生きてくる上で仕方がなかったことだと思うんですよ。常識的に生きようと思ったら、自然と偏見であったりとか、その、力で抑えることも身につけなければ生きて来れなかったと思うんですよね、私たちって。それをいきなりね、変えようなんてことの方が「すごくおこがましい」っていうか、そうやってちゃんと世の中で生きてきたんだから。でもただ、私たち子どもに教育する上で、人権問題を高々に掲げているこの学校で教育する上では、そうじゃいけないと思うんですよ。自分自身見つめ直して変えていかないと子どもは変わらないし、子どももそういう何か大人のずるい部分を、何ていうか、見透かしているというか、そっちにばっかりいっちゃうっていうか。

自分自身を見つめ直すことや別の指導方法は必要だと考えつつも、まずは同僚〈教師〉の置かれた立場や人生を尊重する態度を宮崎先生はとっている。こうした同僚〈教師〉への態度は、宮崎先生に限らず多くの調査対象者たちが語っていた。

同僚〈教師〉を尊重するからこそ、自身の態度や言動への注視を行うジェンダー教育実践を同僚〈教師〉へ提案することは更なる困難を伴う。なぜなら第4章で見たように、〈教師〉の価値観を問うようなジェンダー教育実践は、時に葛藤をもたらすからである。そのため、〈教師〉集団による実践を行う際は、そうした〈教師〉自身の価値観が問われないような形にする工夫が見られた。

鈴木先生：全担任が必ずやることにして、そこで教師自らの価値観が問われるような形の語りをしなければいけない設定をすれば、それはやっぱり色んな意見が出てきて合意できない形になると思います。そういう論点にもっていかないように注意深くしてますし、選択テーマ制の中で、これが「嫌やな」、「苦手やな」と思う人は他に選ぶことができるようにしてます。

鈴木先生は人権教育を重視する勤務校の中でも特に多くの人権教育に関する実践を行っており、個人によるものから教師集団によるものまで様々な企画を提案している。勤務学校における生徒たちの実態から作成した企画であっても、それを〈教師〉集団へ提示する際、どの〈教師〉であっても使用できるようなものを作っている。そして、提案した企画を行うか否か、行う時期や実践方法も、同僚〈教師〉の裁量へ任せられるように数々の選択肢を鈴木先生は提示している。その中でも「価値観を問われないこと」をとりわけ重視しており、同僚〈教師〉の立場を尊重している。

第4節　仲間を増やしていくこと

前節では、〈教師〉集団、あるいは同僚〈教師〉へジェンダー教育実践を広げていく難しさをみてきたが、調査対象者たちは地道に「仲間」を増やす努力を行っていた。

鈴木先生：生徒の姿から教師は影響を受けますからね。(実践で)生徒が育っていったら、その生徒が教員を変えていってるというのはあるかもしれませんね。

生徒を「媒介」にして、同僚〈教師〉へジェンダー教育実践の良さを間接的に伝える可能性を鈴木先生は語っている。第4章の山口先生も、ジェンダー教育実践によって男子生徒たちの多様性を認識できたことを肯定的に語っていたが、やはり子どもたちの「育ち」や「変容」は教師たちの実践を支える重要な要素であろう。ただし、子どもたちを媒介にジェンダー教育実践の「良さ」を〈教師〉集団で共有することは、即時的に達成できない。時間を費やし、共通認識を作り、〈教師〉集団で実践を「地道」に積み重ねながら徐々に広がっていくものと認識されている。

織田先生：毎年仲間を、（実践を）一緒に作っていく仲間を増やしていくという地道な作業中ですね。やっぱり一緒に取り組んだ先生はその良さがわかるんですよね。「やってよかったね」って最後は思える。

第５節　ジェンダー教育実践の可能性と限界

以上、ジェンダー教育実践が〈教師〉集団で取り組まれている関係性や実践の内容について調査対象者の語りをもとに見てきた。また、同僚〈教師〉へ広げることが難しいジェンダー教育実践の性質についても触れた。本節では、教師個人の取り組みに陥らず、教師集団へジェンダー教育実践を広げていくために必要なこととは何なのかを明らかにしていきたい。

第１項　教師集団と「協働」

教師集団を起点に、学校の課題解決や教師の専門性向上を図る「協働」研究が注目されている[9]。これまでやや規範的であった「協働」概念を分析概念として精緻化した藤原（1998）は、「協働」を単に行動面で同調する「凝集性」の高さではなく、「個々の教師が自律性と相互信頼をベースとして『知識』や『意味』を共有し、また、その相互作用を通じて新たな知識を創造していくプロセス」（藤原 1998: 4）と定義している。学校で新たな知識を生み出すためには、他者との相互作用を通じて個人が持つ知識や経験を共有することが重要になる。まさに、ジェンダー教育実践が個人化せずに教師集団による取り組みへ広げるために必要なものが「協働」である。

この「協働」を実現するために、「相補性」と「冗長性」という二つの要素が重要となる。「相補性」で最も重要なことは「敬意」であり[10]、ここで言う「敬意」とは、「人の実践（practice）への評価が、人の適性（competence）への評価に非常に近いことに理解を示し、その両者を区別して前者に焦点を当てることに最大限注意を払う振る舞い方や話し方」を意味する（Little 1982: 335）。つまり、教師の何らかの働きかけに対する評価は、その教師がどのような人であるかとは関係なく、働きかけそのものに焦点化して行う必要がある。同僚〈教師〉の置かれた立場や人生を尊重する調査対象者たちの態度は、相補性の確保を目指している。また、「冗長性」とは、「個と個の間で相互に余剰の情報を共有すること、すなわち組織内に無駄を取り込むことの大切さ」を意味する。例えば、児童生徒対応を話し合う場で、喫緊に対応が必要な情報だけでなく、特に対応を要しない微笑ましい子どもの姿や意外な姿についても話し合いの場で共有することなどが挙げられる。この冗長性によって、組織の構成員はそれぞれに領域を侵し合い、問題点を生成させながら学ぶことが可能になる（藤原 1998）。そして、知識の共有と創造をダイナミックに促進するためには、組織の構成員全てが問題を提起したり、情報共有を促進する役割やリーダーシップをそれぞれが得意とする分野において交互に入れ替わって担うことが望ましいと藤原は指摘する。

ここまで、「協働」に必要な教師の関係性に着目してきたが、「協働」を成立させるために必要な相互作用、特にコミュニケーションはなんであろうか。竹中（2013）はコミュニケーションに焦点を当て組織について論じているが[11]、コミュニケーションには〈コード優位⇕コンテクスト優位〉かどうかと、情報連結先が〈既定性⇕自在決定性〉かどうかという2軸を設定する。

まずは前者について述べよう。コード優位の状況になればなるほど普遍性を獲得し、コンテクスト優位の状況になればなるほど、特定の当事者にしか理解できない特殊性を獲得する。例えば、前節に登場した「交際トラブル」は、「○○と△△の件」と言えば熊谷先生の勤務高校の教師であればコミュニケーションできるが（コンテクスト優位）、トラブル発生から数年経過した後に赴任した教師や他校の教師には「○○と△△の件」では伝わらないため、ある程度抽象化された「交際トラブル」としてコミュニケーションする必要がある（コード化優位）。

次に後者については、一方が発した情報に他方の当事者が接する時に、もとの情報に対して、コミュニケーションの連結先が決定されている場合と、連結先を決定できる場合とに分けられる。連結先が決定されている場合、「返答」の形で元の当事者や指定された当事者を連結先にしてコミュニケーションを継続する必要があるが、連結先を自由に決定できる場合、コミュニケーションの対象は情報の受け手が自由に決定できる（竹中 2013: 67-69）。例えば、職員室で教師が行う世間話などは成員が明確に決定されているものではなく、情報の受け手がコミュニケーション対象を自由に決定することができる。反対に、職員会議や学年の打ち合わせで行われるコミュニケーションは、対象があらかじめ決定されている。

この２軸をもとにコミュニケーションを分類すると、原理的に４つのコミュニケーションが存在すると竹中は指摘する。〈1．コード優位・既定性〉、〈2．コード優位・自在性〉、〈3．コンテクスト優位・既定性〉、〈4．コンテクスト優位・自在性〉の４つである。これら４つのコミュニケーションを学校現場の活動と照らし合わせるならば、以下のようになる。〈1．コード優位・既定性〉は、学習指導要領が典型的であるが、どの学校であっても学ぶべき内容が同一に示され、学校や教師はそれに従うことが義務づけられている。〈2．コード優位・自在性〉であれば、学校目標に対するアプローチは担任の学級経営に委ねられていることが該当する。〈3．コンテクスト優位・既定性〉は、当該学年の子どもたちの実態を踏まえた上で、学校や学年単位で取り組むべき課題を設定することが例として挙げられる。最後に、〈4.コンテクスト優位・自在性〉は、前述したように、日常的な子どもたちの様子を職員室などで意見交換するといったことが挙げられよう。

以上、藤原の「協働」概念とともに、竹中のコミュニケーション一般に関する枠組みを学校現場に適合するよう活用し、教師のインタビューを分析していく。

第2項 ジェンダー教育実践と「協働」の可能性

前節で見てきたように、高岡先生と織田先生が語ったジェンダー教育実践は、勤務校の教師たちが子どもたちの実態を共有し、様々な相互作用を経て新たな取り組みとして生み出されていた。また、彼/彼女らの学校では、日常的な情報共有も頻繁に行われており、特に高岡先生の勤務校は冗長性を有していたと考えられる。さらに、調査対象者たちは共通して相補性の確保に努めていた。以上のことは、藤原の言う「協働」が成立していることをうかがわせている。このことを竹中の枠組みから改めて整理してみたい。

高岡先生と織田先生のジェンダー教育実践は、「子どもたちの実態」を中心とした〈コンテクスト優位〉なコミュニケーションによって行われていた。コンテクスト化は当事者同士を融合させ、当事者性を高める。一方、「協働」も組織成員間の知識や経験の共有と、各成員が自身の役割と責任を自覚する当事者性が必要となる。したがって、「協働」が成立するためには、〈コンテクスト優位〉のコミュニケーション形態が必要となる。また、高岡先生の語りから日常的な「おしゃべり」を交えながら実践が形づくられた様子もうかがえ、情報連結先は〈自在性〉と言えるだろう。こうしてみると、「協働」は〈コンテクスト優位・自在性〉という特徴を有しているように見えるが、この形態（ここでは「おしゃべり」）は一時的な関係であり、複雑性・多義性を多分に残しているため、このままでは教師間の知識等が共有されない。そこで共有プロセスを成立させるために、自ずとコミュニケーション対象を既定する必要がある。もちろん織田先生が語るように、学年団で情報共有を行うような情報連結先が〈既定性〉であっても「協働」が成立することもあろう。以上のことから、「協働」は〈コンテクスト優位〉を中心としたコミュニケーション形態から生み出され、共有プロセスを経ながら〈コンテクスト優位・既定性〉へと移行することと考えられる。

ここで留意が必要な点は、成果を挙げた〈コンテクスト優位〉な実践が継続されることによる実践の形骸化である。教師や子どもたちの流出入に関わらず一度取り組み始められた実践が継続された場合、ある程度の汎用性が必要になることから〈コード優位〉のコミュニケーションになり、「学校に位置づいている」ということでトップダウン〈既定性〉な形で実践が形式的に行われかねない。形式的な実践から脱するには、対象となる子どもたちの実態に即したコミュニケーションのコンテクスト化が必要となり、新たな情報を導入する必要性がある。その新たな情報を加えて、〈自在性〉のコミュニケーションも交えた議論が活性化されることで、「協働」によって実践が新たに生まれるだろう。ここでも、新たな情報を導入するための冗長性や、教師間の対等な関係性を保障する相補性が不可欠となる。

ところで、調査協力者たちの語るジェンダー教育実践は、共通して子どもたちの実態を中心に行われていた。竹中（2013）は、成員個人の目的のみでは安定したコミュニケーションの継続が不可能になるため、コミュニケーションを安定化・円滑化させる道標のような〈シンボリック・モニュメント〉として組織目的が構築されると指摘している。学校現場の場合、「子どもたちの実態に対応する」ことといえよう。子どもたちの実態を考慮してジェンダー教育実践に取り組むことは、必ず〈コンテクスト優位〉なコミュニケーションが行われるということである。つまり、ジェンダー教育実践には「協働」成立の余地が常に残されており、教師集団や学校全体に新たな実践や視点が創造される可能性を残している。もちろん、その時々の「子どもたちの実態」に即した実践は多種多様であり、必ずジェンダー教育実践が教師集団に受容されるわけではない。また、ジェンダー教育実践に関心をもつ教師がいなければ、そもそも実践が提案されないという「人」に左右される側面もある。そうであっても、「子どもたちの実態に対応する」というシンボリック・モニュメントに沿えば、ジェンダー教育実践が常に「協働」へ開かれたものであると考えることができる。

第3項　ジェンダー教育実践特有の限界

しかし、「協働」へと開かれたものにする〈コンテクスト優位〉なコミュニケーションは、いわば諸刃の剣でもある。ジェンダー教育実践の必要性に関する共通理解を得るためには幾つもの困難を克服しなければならず、それが叶わなければ常に教師個人の実践へ狭小化することや表面的な実践へ終始してしまう恐れがある。だからこそ、教師集団にその必要性を理解してもらうことが不可欠である。その際に、ジェンダー教育実践特有の問題が存在する。

第一に、〈教師〉集団へジェンダー秩序を問い直すアプローチを提案することの困難性である。中学・高校で扱われた「デートＤＶ」は、「交際トラブル」という可視化された（されやすい）課題に対処する必要性から、〈教師〉集団の共通理解を得やすかった。ここでは「生徒のトラブル対応」というシンボリック・モニュメントが存在している。その一方で、「デートＤＶ」の背景に存在する男女間の序列構造を問題視することや、「暴力の文化」に対するオルタナティブなアプローチに関する共通理解を得る困難性がうかがえた。現代社会では、本人の意思に関わりなく、人は強制的に「男性／女性」にカテゴライズされるため、男性教師の意識がどうであれ当事者性が必然的に生まれることになる。そして、男性優位のジェンダー秩序において「男性優位／女性劣位」という社会構造が存在する。こうした「男性」としての当事者性をはらむジェンダー教育実践を男性中心の文化で扱うことは、相当な困難を抱えることが推察される。特に、男性教師の占める割合が多い中学・高等学校では、ますます難しいかもしれない。

第二に、同僚〈教師〉への働きかけが非常に限定的なものとなる困難性である。従来の「ジェンダーと教育」研究は、教師の価値観が暗黙のメッセージとして子どもたちに伝達されていることを指摘してきたが、調査対象者も自らの価値観や言動への注視を重視していた（「インフォーマル×センシティブである」ジェンダー教育実践）。しかし、そのことを同僚〈教師〉へ提案することは非常に難しい。なぜなら、他者の価値観へ踏み込むことは困難だからである。また、相補性において最も重要な「敬意」を確保するためには、実践面と適性面のうち前者に焦点を当てることが必要になる。仮に、同僚〈教師〉の実践にステレオタイプなジェンダー観が表れていたとしても、それを指摘することは適性を遡上にのせることになり、相補性の破綻につながってしまう。さらに多賀（2016）が指摘する教育現場における男女平等の取り扱いをめぐる混乱をふまえると、ジェンダーに関わる価値観の合意形成も難しい。

第6節　〈教師〉集団の可能性と「センシティブ」であることの困難

本章では、近年注目を集めている「協働」とジェンダー教育実践は排他的な関係ではなく、「協働」を通じてジェンダー教育実践を取り組む教師集団の様子を描いてきた。このことは、教師教育が提供するジェンダーの学習機会が決して十分とは言えない現状において、教師個人に依存したジェンダー教育実践を乗り越える可能性を示唆していると言えよう。ただし本章で語られたように、〈教師〉集団によるジェンダー教育実践は「フォーマル」なものへ限定される。「インフォーマル」なジェンダー教育実践を同僚〈教師〉へ提案することも可能であるが、それをするべき責任は同僚〈教師〉たちへ課されていない。したがって、「協働」によって〈教師〉集団が取り組むものは、「フォーマル」なジェンダー教育実践へ限定されてしまう。

同様に、ジェンダー教育実践の性質上、「協働」を成立させるために重要な相補性の確保と相性が悪い。ジェンダー教育実践で重視される「ジェンダー・バイアスにセンシティブであるか否か」を問うことは、同僚〈教師〉の価値観や立場を問うことに繋がりかねず、相補性が破綻してしまうからである。それは、「協働」の成立をも困難にさせる。つまり、「協働」によって教師集団へと広げるためには、「フォーマル×センシティブではない」ジェンダー教育実践へと帰結することになり、「センシティブであるか否か」の判断は、各〈教師〉へ委ねられることになる。

注

（1）取り組みを推進すれば〈教師〉が変容するわけではない難しさをジェンダー教育実践は抱えている。詳細は本章の第3節に記述している。ただ、ジェンダー教育実践に取り組むことはもちろん、取り組みのための学習や取り組んだことによる成果など、ジェンダー教育実践へ直接・間接的に触れる機会を増加させることで、偶然変容する可能性を高めていくことも考えられる。

（2）例えば、日本教職員組合が行う研究集会の報告をまとめた『日本の教育』では、ジェンダー教育実践に相当する「両性の自立と平等を目指す教育」分科会で多数の取り組みが報告されている。

（3）インタビューは、2010年代の教職員組合や教師関連組織の県大会において、ジェンダー教育実践に関連する分科会で実践報告を行った教師へ直接インタビューを依頼し、5名の承諾を得て行った。さらに、その教師からの紹介によって1名の教師にインタビューを行った。インタビューについては半構造化面接法を用い、内容は全てICレコーダーにて録音している。インタビュー調査時や調査後に、教師集団の実践に関する資料も入手している。
（4）教師集団による実践を分析するにあたり、教師個人を対象としたインタビュー調査では個人の主観的認識に留まるため、その実際のプロセスを描くことには限界があり、教師集団による実践のダイナミクスは捉えられないかもしれない。しかし、教師集団で共有されていることや教師間の関係性に関する教師個人の解釈は、同じ教師集団であれば他教師の解釈と著しく異なるとは考えにくいため、教師集団による実践の内実をある程度捉えることは可能だろう。また、21世紀に入って始まった「ジェンダー・フリー」教育に対するバッシング現象によって、ジェンダー教育実践をすすめることや実践を記録に残し広く公表することが難しい状況の中で、ジェンダー教育実践を積極的に行っている教師の実態を把握する為には、限られた情報源として個人へのインタビューは貴重である。
（5）この学校で比較的大きな「交際トラブル」が起こった過去に加え、熊谷先生が所属する生徒相談室にデートDVの疑いがある生徒の相談を担任教師からもちかけられることもあった。
（6）子どもたちの人権を保障するという観点から考えると、「障害」の有無にかかわらずこのような発言は許されるものではない。
（7）インタビュー時に同じ部屋にいた別の女性教師も同様のことを語っており、熊谷先生のみがこうした経験をもっているわけではない。
（8）こうした女性差別にかんすることだけでなく、勤務中学校の生徒指導には「暴力の容認」が含まれているという。

宮崎先生：うーん、何か、その何て言う、やっぱちょっと暴力的。言ったら暴力的になる、その「殴る蹴る」とか、「暴言する」ではなく、あ、暴言あるかな。うーん、「暴力を全否定はされてない」って感じですね。
寺町：必要な体罰もあるような。
宮崎先生：みたいなところを、どこかで、あの私は感じるんですよ。容認してしまっているところが。やっぱり、ベースとして学校を運営していく上で、ある程度の暴力性であったり体罰とまではいかないけど、強制的な子どもに対する関わりは容認してると思うんですよ。(「しんどい」子どもたちの対応は)すごく難しいんで。本当はね、逆効果なんですけどね。逆効果だけど、先生たちが合わしちゃってるところがあるんですよ。こう、「力には力で」みたいなところは、やっぱりちょっとあって。

寺町：子どもの対応に先生もついついそれに合わせてしまう?

宮崎先生：うん、そうそうそう。威圧的になると言うか、なんか、うん。「暴力の容認」ですね、やっぱり。子どもの暴力も容認しているし、先生の暴力も容認しているって感じがします。

(9)「協働」研究の嚆矢となったHargreaves(1994)であるが、それを日本の文脈に応用した今津(2000)は、「協働」を各教師のユニークなアイデアや実践を尊重しつつも、相互の連携を深め、各教師が成長発達して学校全体の教育実践の質を高めていくものと指摘する。その他の研究においても「協働文化」や「協働」には積極的な評価が与えられているが(例えば、秋田喜代美 1998; 油布 2007)、肝心の「協働」そのものを成立させるために何が必要なのかはこれまで明らかにされてこなかった。

(10)部分的には「参加者による努力の平等性」や「仕事(task)の複雑さと個々人の理解には限界があることへの理解についての謙虚さを平等に持つこと」を意味する

(11)竹中(2013)は、「当事者の視点(ないし感点)を重視し、組織という現象がどのように当事者たちによって可視化・可感化され、組織というリアリティを伴った視覚や感覚を可能にさせるのか」に着目している(竹中 2013: 2-4)。竹中は、コミュニケーションを特に重視し、当事者間のコミュニケーションによって事後的に組織ならびに〈組織の下位概念〉(組織目的、組織文化、組織構造など)が構築されていくというスタンスをとる(竹中 2013: 71-89)。

［コラム⑤］　性的マイノリティの「困難」とは？

性的マイノリティとは、「『普通』の性を生きろという圧力によって傷つく人々」（森山 2017：17）のことを指します。近年では、女性同性愛者（レズビアン lesbian）、男性同性愛者（ゲイ gay）、両性愛者（バイセクシュアル bisexual）、トランスジェンダー（transgender）の頭文字をとって「LGBT」と表現されることも多いですが、LGBTには該当しない人たちも数多く存在するため、本書では性的マイノリティと表記します。

性的マイノリティの当事者が学校で直面する「困難」は様々です。例えば、名簿や整列、制服などの男女別運用は、「自身の性別に関して、割り当てられた『性別』のあり方とは何らかの意味で異なる性自認を持つ人々」（森山 2017：50）であるトランスジェンダーの当事者にとっては戸惑いを覚えたり、息苦しさを感じる「困難」かもしれません。その一方で、性的指向（恋愛感情や性的欲望がどの性別に向くのか）が同性である人にとって、学校における様々な男女別の運用はそれほど気にならず、むしろ「思春期になれば異性を意識する」というメッセージに「困難」を覚えるかもしれません。

ここで指摘したいことは、性的マイノリティの当事者たちが直面する「困難」が、「この外見なら、普通は男（女）だろう」、「普通、男（女）なら○○だろう」、「普通は異性が好きだろう」など、ジェンダーやセクシュアリティにかかわる多くの「普通」が当然視され、「普通」を前提として運営される学校によって生み出されることです。したがって、学校の環境作りに潜むジェンダーやセクシュアリティの「普通」を問い直すことも重要です。

例えば、トイレは性別二分法に基づいているからこそ、トランスジェンダーの子どもたちの「困難」が生み出されます。「全てのトイレが個室」、あるいは「多目的トレイが複数あり誰でも気軽に利用可能」であれば、トランスジェンダーの子どもたちにかかわらず、誰もが安心してトイレへ行くことができます。トイレだけでなく、学校指定の持ち物や校則なども「普通」の見直しの対象となりえます。

第6章 〈教師〉たちと研究者の授業作り

第1節　学校現場へ新たにジェンダー教育実践を導入するために

本章では、Z小学校において2011年度の6年生を担当していた教師集団と協力したジェンダー教育実践の取り組みプロセスを描くことで、研究者が学校現場へどのような寄与を果たせるのかを検討したい。前章では、教師集団によるジェンダー教育実践をみてきたが、やはり教師集団の関心から離れた事項は取り組まれにくいという「教育実践が人に左右される」側面は否定できない。例えば、ある地域・学校の慣習は、それが克服すべき課題であっても、当事者である教師や地域住民にとっては当然のこととして見過ごされることも考えられよう。紅林（2007）は、保護者や地域住民との協力による新たな同僚性とも呼べる関係の必要性を指摘しており、その中には研究者も含まれる。そこで、新たな同僚性の成員として位置づけられる研究者は、地域・学校に所属しない者の視点によって、当事者から見過ごされる視点を提供する役割の担い手になりうるのだろうか[1]。

第2節　ジェンダー・センシティブな視点の提示

第1項 「せっかく来てもらってるし」という始まり

観察当初から、筆者の研究関心が「ジェンダー」だということを学年団（A組：坂本先生30代、B組：山崎先生20代、C組：髙橋先生50代、学年付：小川先生40代・稲本先生60代）へ伝えていた。夏休み期間も定期的にZ小を訪れていたある日(2)、坂本先生から「9月の人権参観(3)でジェンダーについてやりたいので、その打ち合わせに来てもらいたい」とお願いされる。

【場面1】
人権参観でジェンダーを扱うことについて、坂本先生は「せっかく（筆者が）来てもらってるし」ということから、「何かジェンダーに関わることをしよう」と学年団で話が出たことを筆者に話してくれた。この時点で内容に関する大まかな方向性として、「子どもたちよりも保護者の方が凝り固まった考えをもって子どもたちに接していることが多いため、そこに切り込んでいく」ものが考えられており、人権参観を通して保護者にも何か伝わるようなことをしたいと坂本先生は話していた。（2011・8・3 FN）

7月に突如、大学院生である筆者が観察をするということで、おそらく6年生の学年団は対応に困惑していたと考えられる。そんな中、「9月の人権参観で何をするか」を模索していた時期とも重なり、「ジェンダーを勉強している筆者が来た」という半ばイベント的要素とその対応への困惑を含みつつ人権参観のテーマが「ジェンダー」になり、初めてのジェンダー教育実践が試みられたのかもしれない。

第2項　Z小の実態に沿った提案

人権参観について話し合うため学年会を行うことになる。はじめに、坂本先生が「（人権参観について）保護者も一緒に（参加）できるような参観で、一人ひとりが話し合って意見を出し合うようなものにしたい」ということが話され、扱う内容としてどういったものがあるのかを筆者に尋ねる。『じぇんだぁふりぃBOX』、『「自分を生きる21」男女共生教育教材・実践集』[4]という教材集から高学年用の教材をいくつか紹介し、学年団で話し合った結果、『「自分を生きる21」男女共生教育教材・実践集』の「ちがいのちがい」[5]を使用することとなる。そして、「ちがいのちがい」に出てくる「女性の先生の前でうるさく、男性の先生の前で静か」という項目が、Z小の6年生にも該当することを伝える。坂本先生や高橋先生に対する態度や言動と、筆者や山崎先生に対しての態度が異なることを数多く観察でき、教師たちの背後に潜む「力（もしくは怖さ）」を考えながら子どもたちが行動していた。そうした「力」に対する関係は、「ジェンダーや他の問題にもかかわることではないか」と学年団に述べる[6]。筆者の考えを聞いた高橋先生が、「それはほんま昔からそう」と述べ、坂本先生や稲本先生、小川先生も同意する。「人を見て（誰が大丈夫／大丈夫ではないか）行動する」という子どもたちの姿は、学年団共通の認識であるとともに学年の課題でもあった。

第3項　〈教師〉たちの価値観への波及

まずは「ちがいのちがい」を輪読し、各項目を自分たちで実際に考えてみる。項目によって教師たちの意見が分かれ、意見交換が始まる。この時、興味深い意見交換が行われる。

【場面2】

「女性は結婚すると夫の姓に変わることが多いが、男性は少ない」の項目で、高橋先生が「(自分の姓が変わる時)自分が自分でなくなるみたい」といった感想を述べ(小川先生も同意している)、坂本先生に「そういった気持ちが分かるか」ということを質問する。また、小川先生から「育児休暇取って言われたらどうするの?」と聞かれ、坂本先生は「それはとるのは全然構わないですけど」と切り出し、「ミルクを僕は出せないから」ということで、赤ちゃんはミルクのにおいを求めており、「女性しか母乳が出ない」ということを主張し、「もちろん、それ以外のところは協力できるし、する」と発言する。「女性ばかりで怒られそうですけど」と言い、坂本先生の主張が終わって、一瞬シーンとなる。(2011・8・9 FN)

この意見交換は教材の項目から発展したものであるが、傍線部のように高橋先生、小川先生は「女性としての経験」から「姓の変更」、「育児休暇」について坂本先生に質問し(傍線部)、一方、坂本先生は「男性としての経験」から答えている(波線部)。各教師の生活背景は多様だが、その経験を「男性/女性」カテゴリーの語りとして提示することで、唯一の男性である坂本先生の語りはやや共有され難いものとなり、一瞬の静寂が生じたと考えられる。おそらく、男性教師が多い学年団であれば、坂本先生の発言も異なった受容のされ方になったであろう。しかし、ここで注目したいのは男女のカテゴリーや人数の多寡ではなく、高橋先生や小川先生が坂本先生の生活スタイルやそれに対する価値観を議論の俎上に載せているということである。高橋先生たちの問いかけに対して、「夫婦別姓であるべき」や「男性も育休とるべき」といった一般論は意味をなさない。坂本先生本人の「改姓の気持ちをどう思うのか」、「育休をとるのか」が問われており、坂本先生の価値観や生活スタイルが不可避的に議論へ引きずり出されている。しかもこの問いかけに「正解」はなく、〈教師〉たちの価値観に沿った評価が下されるため、軋轢が生まれる可能性もある。

【場面3】

その後、小川先生、高橋先生の私生活の話が終わり、坂本先生が「（個人の）権利がおびやかされることはいけない」と言い、他の先生も賛同する。続けて坂本先生は「人それぞれでいい」ことは大事だが、個人の意見が多数の意見にかきけされることや、「周りが（自分とは異なる意見を）思ってて踏み出せないかもしれない」と発言する。そして、「周りが思ってて踏み出せないこと」もジェンダーに関わるものがあると述べ、「ちょっと考え直します」と続ける。「自分でいいと思ってたけど周りがそう思ってなければ、それを出しにくい」ことが意見として出て、高橋先生が「人権侵害じゃないけど（そういうことは）見過ごしていることがあると思う。」と発言する。（2011・8・9 FN）

【場面2】では男女のカテゴリーから結婚や育児に対する〈教師〉たちの考え方が語られたが、【場面3】傍線部では「（個人の）権利がおびやかされない」、「人それぞれでいい」と言った「個人」に焦点が当てられており、「周囲の影響で個性が発揮できていない可能性」について学年全体で共通認識を形成している。

また、筆者の生活状況[7]を説明した際、高橋先生が「理論としては分かるけど」と言いながら「それはやっぱり将来の見通しがある程度あるから」と発言し、腑に落ちない表情をしながら「もし自分の息子が同じような状況になったときに、受け入れられる自信がない」と語っていた。一連の筆者の発言に対する高橋先生の語りは、彼女自身の中に存在する「あるべき男性像」とは「異なる生き方」があることに理解を示しながらも、容易には受容できない姿がうかがえる。さらに、こうした事柄を話し合うことに対する評価も、〈教師〉たちによって異なっていた。

【場面4】

学年会の終わり際に山崎先生がジェンダーの話を「おもしろいですね」と言うと、高橋先生が「えー!?　面白い?」と言う感じで聞きなおし、稲本先生が「私たち年のいった連中はこういう話をするとしんどくなるんです」と山崎先生に言う。稲本先生がしんどくなる理由としてあげたのは、若い世代の人たちの考えが柔軟になり、多様な生き方があるのも頭では分かっているが、いざ自分の生活に引き付ける時に中々対応できない（割り切れない）ということを述べていた。（2011・8・9 FN）

ここでは、「若い世代／年のいった連中」を軸に評価が異なることを物語っているが、先述のような男女間や、場合によっては女（男）性間でも「ジェンダーの話」の評価は異なるかもしれない。また、佐藤（1997）は教師が授業の検討をする際、「熟練教師」は「初任教師」と比べてより豊かな「実践的思考様式」を使用することを指摘したが、【場面4】では各人の生活経験をもとに評価を下し、その判断に優劣をつけることが困難なため、教職経験の差が均質化されていく。

このように、初めてのジェンダー教育実践の教材検討を進めていく中で、〈教師〉たちと筆者の生活や価値観が議論の俎上に載せられ、各〈教師〉たちの立場や価値観に沿った評価や判断が下され、その是非の判断や共通見解へ至ることも容易ではないことがうかがえた。

第3節　〈教師〉たちとの授業作りにおける新たな視点の提示

第1項　新たな枠組みの提示

「ちがいのちがい」の教材とは別に各人案を出す中で、坂本先生が「重いものを運ぶときはいつも男子が呼ばれる」を提案しながら、「（重いものを運ぶ時に）これ運ぶから男子手伝ってー」と発言していたことを振り返り、高橋先生もそれに同意し、「女子でも力強い子おるもんな」と発言する。その後も様々な提案がなされていく中で、高橋先生が「難しいと思ってたら、自分のこととか子どものこと考えたらいっぱいある」と語り、子どもたちにむかって直接「男やから」とは口に出さないが、潜在的に思っている部分があることを述べる。これまでは、そもそもジェンダー・センシティブな視点から自身の実践を評価した経験を持っていなかったが、ジェンダー教育実践の授業作りを通して自分たちのジェンダー・バイアスに自覚的になっていく様子がうかがえた。

そして、筆者からジェンダー・バイアスに対する新たな視点を提示することで、〈教師〉たちの認識に変化が見られた。

【場面5】

稲本先生が「家庭科で男の子の方が上手に家事をする」と言い、坂本先生も洗濯物をパンパンと男子が叩きながら干しているのを見て「女子やのにできひんねや」と思ってしまうと言い、「これも男子やのに出来るとか、女子やのにできひん、というのが自分にあるんですよね」と発言する。それを聞いて筆者が「男子やから目に映る可能性もあります。女子がやっているのは当たり前ということでそこに目が行かず、特殊な存在として映る男子の洗濯物干しに、ついつい目が行ってしまうことも考えられます。もちろん男女で反対のこともありますし、本当に女子がしてなかったかもしれません。自分の中に無意識にある思い込みによって見えなくなることや、より見えてしまうことがある」と発言すると先生全員が、「なるほど」といった反応をする。「逆に目が行ってしまうということか」と坂本先生が発言し、稲本先生も「調理実習の後片付けも男子がシンクをキレイ拭いている子がいること」にも触れるが、「当たり前のものとして女子に目が行っていない可能性もあるのか」という話になる。（2011・8・31 FN）

【場面5】では、ジェンダーによる二重基準が子どもたちの姿を可視化／不可視化する可能性を筆者が提示し、〈教師〉たちの日常経験を「異化」している。興味深いことに、日頃の教育実践を〈教師〉たち自ら振り返ることや筆者による日常経験の「異化」によって明らかになったジェンダー・バイアスに対して、第2節第3項で見られたような軋轢や教師たちの戸惑いが生じることはなかった。第2節第3項では、〈教師〉たちの生活経験やその価値観を議論の対象にしていたが、ここでは教育実践や子どもを観察する認識枠組みが対象となっていることと、授業づくりの中で〈教師〉たち自らが認識したことによって、抵抗なく受容されたのかもしれない。

教師たちによるジェンダー・バイアスへの認識は教材を検討する中で生み出されており、「フォーマル×センシティブである」ジェンダー教育実践が行われている。一連の教材検討において、筆者が学年団へジェンダー・バイアスに対する新たな視点を提供し、それによって〈教師〉たち自身の認識を振り返ることが促されている。ただし、学年団は筆者の提供する視点や教材を単に受容するだけではなく、学年の実態へ即したものになるよう積極的に翻案していく。次にそれを見ていこう。

第2項　未経験のジェンダー教育実践

授業の「ねらい」を決めるため「ちがいのちがい」に記載されている「ねらい」を指して、高橋先生が「ねらいはここでいいですか」と学年団に尋ね、そのまま使用することになる。授業タイトルは「自分らしくというものを大切にしたい」ということで、「自分らしく」に決定する。「ねらい」を話し合う中で「女子と男子のちがいだけを扱っていると学級に返ってけえへん」と高橋先生が発言し、やはり「自分らしく」を重視することで方向性が決まる。この高橋先生の発言は注目に値する。教材において主軸の一つである「男女の人権に関する事柄」のみでは学年団が重視している方針とは直接関連しないため、そのままでは「学級に返ってこない」のである。そのため、【場面3】でも提示された「(ジェンダーを含めて) 自分の意見を出すこと」に焦点が置かれる。つまり、「男／女らしくではなく自分らしく」という教材の「ねらい」を学年の実態へ即すために、「自分らしく」の部分が強調される形へと翻案されていく。

そして、使用項目について、『自分を生きる21』の中から、③「トモコさんは洗濯の手伝いをするが、お兄さんはしない」、⑤「マサヤさんはカレーライスが大好きだが、ヨシコさんはあまり好きではない」、⑥「ヒロシさんは女性の先生の授業では、私語ばかりしているが、男性の先生の授業では静かだ」、⑭「学校のトイレは男子用と女子用に分かれている」、⑮ヒトシさんは「男は泣くもんじゃない」と言われるのに、ノリコさんは泣いても言われない」、⑯「ユミさんはスカートが好きだがカオルさんはズボンが好きだ」の6項目が選ばれる。各人案は、⑦「僕はお母さんに『女の子に手を出したらあかんで』とよく言われる」、⑧「友達をけったり叩いたりしたら『女のくせに乱暴やな』と言われた」、⑨「料理クラブは女子が多くて、野球クラブは男子が多い」の3項目となる。

教材から用いる6項目に各人案のものを加えた9項目について、文章の検討を行う中で実際の授業風景を想像しながら様々な意見が出される。

【場面6】

③については、「個人名を出すと、個人の性格やろ」といった意見が出る可能性もあるので、「男子は洗濯の手伝いをするが女子はしない」に変更となる。また、⑭は、坂本先生から「子どもたちが『別にいいやろ』と簡単に（結論すること）になり、自分たちも簡単に流すとして、「それだけを見て帰る人（保護者）もいることを考えると微妙に難しい」ということで、「外したほうが無難」という意見で一致し、除外する。参観というのが少し特別なことのようで、「参観でなければ」という発言がその後数回でる。⑥も「女性でも男性でも例外がある」ということで、子どもたちからの意見によって収集がつかなくなるかもしれないので、はずす事に。坂本先生は「男子Aに考えて欲しい」ということで2時間目をすることに急遽なる。2時間目では参観で扱いにくいものをすることに。参観では子どもと教師だけの関係でなく、そこに保護者や第三者まで入ってくるので、そのことを考えると無難なものにするほうがいいとなる。高橋先生が、「おもろない参観になるな」と言い、坂本先生が「逃げてばっかり」とそれに呼応する。結局、⑧も個人を特定したり傷つけたりする可能性があり、それを参観にもってくるのは難しいということで2時間目に持ち越しになる。結果6項目ですることになる。（2011・9・8 FN）

【場面6】以前から教材で扱われている項目数を絞っていたが、ここで更に絞られていく。傍線部のように、実際の子どもたちの反応や保護者の存在、「参観日」という行事等、実践を行う状況を想定し考察を重ねることで、各項目を適切に活用できない可能性が生じたからである。(8) こうした風景は現場の教師にとって当然かもしれないが、新たな実践を導入する際、単純に教材や既存の実践例を適用できるわけではないことを研究者が想定していなければ、教師や学校現場へ過度な負担を強いる可能性がある。

このように、実際の授業場面や子どもたちの様子を想定しながら教材が検討されていくが、未経験のジェンダー教育実践であるため、学年団にやや戸惑いが見られた。

【場面7】

授業案を検討している中で、高橋先生や坂本先生から「決め付けたらあかん」や「まとめたらあかん」「押し付けになったらあかん」という言葉が頻出し、児童の意識を方向づけることや自身の考えが前面に表出されないよう注意していた。それに対して、「おとしどころはあっても全然構わないと思います」と先生たちに伝ると、高橋先生に「いいんですか？」と尋ねられる。自分が非常勤でこういった授業をした際、それぞれの人の多様性は否定しなくとも「自分の伝えたいところは伝える」と言う。そして、「学生たちがこれまで生きてきた人生を少しでも『揺さぶる』ことが出来たらいいな」と発言すると、高橋先生が「ゆさぶる」という言葉に反応し、「まとめるというより子どもを『揺さぶる』ことをねらいにすればいいのか」となり、坂本先生がそれを聞いて、「揺さぶっていいんですか？」と聞き、「じゃあ揺さぶってみよう」という話をする。（2011・9・8 FN）

授業案の作成や項目の検討は、他の授業のように「教材が子どもたちにとって適切か」いう検討が、教師たちの「レパートリー内にあるものと〈見なす〉」（schön 1983 = 2007: 157）ことで可能となる。ところが、ベテラン教師である高橋先生も「私一番遠ざかってきた部分」と発言しているジェンダー教育実践では、【場面7】のように授業全体の「ねらい」の方向性に関して暗中模索の状態であることがうかがえる。そこで、教材が意図する「自分らしさ」と筆者がジェンダー教育実践で重視していることを融合し、「多様な生き方を知ること」、「自身の生き方を揺さぶる」といった意図を提示することで、偶然にも教師たちの「ねらい」に一定の方向性を持たせることへつながった。もちろん、検討当初から筆者の提示した意図を「ねらい」に設定することも可能だが、それでは子どもたちの実態や教師たちの学年運営に齟齬をきたす場合もある上、研究者の意見や理論をそのまま教師の実践へ適用することにもなりかねない。また、そもそも筆者の発言は元から意図していたわけではなく、【場面7】のような授業作りの検討や難しさをともに共有しているからこそ、この場面で提示できた偶然の産物でもある。

このように、これまでの教職経験をいかして教材検討を行える部分と、未経験のジェンダー教育実践に対する戸惑いとが混じりながら授業作りが行われいく。この「ジェンダー教育実践が未経験であること」は、「教職未経験」である筆者の立ち位置を難しくする。

第3項　「実践に素人」な筆者の異質化戦略

山崎先生が模擬授業を行う中で学年団による筆者の位置づけがうかがえた。

【場面8】

模擬授業を行っている時に、頻繁ではないが「困ったときは師匠を頼る」といった表現で、高橋先生に何度か言われる。これまでの話し合いでも、項目の伝えたいことや考え方などで迷ったときには坂本先生や山崎先生も筆者の顔をみて意見を聞こうとしていた。教材の各項目の背景に潜むジェンダーの問題について回答することはできても、それをいかに子どもたちへ効果的に伝達できるかは判断できないため、頻繁に「実践的なこと

は素人なので、そこに関してはコメントできない」と発言していたが、時折コメントを求められた。(2011・9・12 FN)

清水(2004)は、「現場」へのフィールドワークを行う際、教師から意見を求められた場合、『研究者から見た場合』という前提が明らかになるような応答を心がけ、こうした相互行為を繰り返すことで「現場」に「研究者と当事者の優位性構造のズレ」が徐々に認識されることを意図し、「研究者」と「当事者」の異質性を顕在化させる「異質化」戦略の必要性を主張している。筆者も「実践に関して素人」であることを繰り返し明示して異質化戦略を試みたが、効果的ではない場面も多々見られた。未経験であるジェンダー教育実践の授業を検討する上で、学年団は「レパートリーがない」状態だと捉えており、何らかの「レパートリー」や枠組みの提供を筆者へ求めることになったのである。

その後、模擬授業が進む中で「自分を大切にするときに周囲の人のサポートや応援が重要になる」ことが柱になり、それをメインにすえて授業を行っていくことが話し合いの中で自然に形成されていく。ここでも教材の意図する「自分らしさ」の尊重に対して、学年団で重視している「友達を大切にする」や「自分の気持ちを伝える」ということが関連づけられている。結局、時間を考慮すると「洗濯」(10分)、「料理クラブ」(25分)、「泣くな」(10分)の時間配分で行くことになり、他の項目を削除することになる。模擬授業終了後、「本当にこれで大丈夫か?」という雰囲気になり、やや不安を残したまま当日を迎えることになる。

第4項　教師と研究者による互恵的な授業評価

当日の人権参観では、ある男子が「自分はサッカーがあまり好きじゃないしどちらかと言えば料理のほうが好き」と素直な気持ちを語ったり、クラスで「反論、反論」と言われながらも自分の気持ちを語る子どもの姿なども観察でき、各クラスとも活発な意見交換が行われていた。放課後、人権参観と保護者懇談の振り返りが行われる。

【場面9】

学年会が始まってすぐに、高橋先生が「おもしろかったな。初めてやったからどうなるかと思ったけど」と言うと、坂本先生も「おもしろかったですね」と発言する。授業を振り返っていきながら、高橋先生から「なかなか面白い、（子どもたちの）価値観があって」と出て、坂本先生が「うん」と答える。さらに「結論はないけど、自分がゆさぶられるのはよかったんじゃない」と高橋先生が言い、それに対して山崎先生が「うん」と反応する。坂本先生は懇談の際に出席していたほとんどの保護者から、「いいことを考えさせられる授業だった」と高評価を得たことを報告する。（2011・9・13 FN）

初めてのジェンダー教育実践の授業が終わった安堵感もあっただろうが、3クラスとも全体的に盛り上がった授業になったようで、授業中の子どもたちの姿を振り返って〈教師〉たちは肯定的な評価をしており、「失敗した」、「うまくいかなかった」ということは話題にならなかった。当然ながら、微細な点まで検討すれば様々な課題が発見されるかもしれないが、「実践の文脈では変化への関心が優先され、それゆえ、〈肯定（affirmation）〉の論理が優先される」（Schön 1983＝2007: 172）ため、傍線部のように授業全体における教師の手応え、子ども・保護者の反応等を踏まえ、肯定的な評価を下している。

さらに、授業全体の評価は続いていくが、授業を通して得られた知見を筆者が学年団へ語る部分も含め、少々長いが引用する。

【場面10】

坂本先生が「自分で授業しながらも思ったし、懇談で言いながらも思ったけど」と話し始め、「『男・女』だけじゃなくこちらが考えさせたいこと、自分の気持ちを言おうにも周りの目が気になっていえない事などや、クラスが暗いことなどのクラスの現状と、ぴったり重なったと感じた」と言っていた。それを聞いた筆者が「去年の（ある教師の実践）発表で、『切り口は男女共生教育でもゴールは子ども達の力関係とその先にある差別や排除』ということを聞いて、頭では分かっていたが今回実際にやってみて、切り口がジェンダーではあったがゴールとしては現在の学年が抱えている『自分の気持ちを素直に出せない』、『それは周りのサポートや受け入れがないから』ということをいかに解きほぐすかだったので、それを考えると切り口がジェンダーであるというのが実際にこういうことかというのが分かった」と述べると、三人の先生全員が同意する。高橋先生が、「人権総合からつながっている、一時間もんで終わるんじゃなくて」と発言をする。高橋先生から「本当ありがとうございました」と言われ、坂本先生、山崎先生にもお礼を言われる。「いえいえ、僕は何も」といったことを返し、「ただ教材を使うだけでは子どもたちとの実態と合わずに上滑りしてしまうし、今回も子どもたちの実態に合わせて項目をアレンジしながら作って9個にし、6個に削って、模擬授業をしながら結局3つの題材になり、やっと授業が成立する、でもそうしていかないと子どもたちの実態にもそぐわないし、子どもたちにも返って行かないことを今回の授業で本当に学ばせてもらった」ことを伝えると、高橋先生が「理論的にきれいにというか、私たちがもやもやと言葉にできないものをまとめてくれる」と言い、坂本先生も「僕もそれ思ってたんですよ。

ジェンダーに関係なく、僕らが好き勝に言っていることをきれいに整理してくれるなって」と2人に褒めてもらう。(2011・9・13 FN)

傍線部のように、授業実践が子どもたちの実態や学年団の取り組みに「ぴったり重なった」、「つながる」ためには、単に教材を用いるだけでは十分ではないことはこれまでも再三述べてきた。そして、傍線部の語りに応じた筆者の語り（波線部）は、〈教師〉たちの語りを尊重しつつ、教材検討の重要性やそれを用いて授業を成立させる〈教師〉たちの奮闘を整理することで、授業成立に至るプロセスの重要性を学んだことを伝えている。

こうして、学年団と筆者のジェンダー教育実践を通じて、学年団には新たな実践経験とジェンダー・バイアスに対する新たな視点が提供され、筆者は実践的研究と理論的研究の新しい関係を創出する上での複雑性を認識することへつながったのである。これは第5章でみた「協働」が生まれていると言えよう。また、【場面10】終盤で学年団の実践を整理する筆者は、「書記としての研究者」（酒井 2014: 211-213）の役割も発揮していた。

第4節　教育臨床社会学からみたジェンダー教育実践の授業作り

本節では、Z小の6年生学年団と筆者が協力したジェンダー教育実践の授業作りについて、これまでの研究知見を踏まえながら考察していきたい。授業研究や参与観察等、研究者が学校現場へ参入することは決して珍しいものではないが、ここで留意しなければならないのは研究者と教師との関係性である。研究者が持つ「理論」を教師の実践に適用する一種の縦関係ではなく、佐藤（1997）が指摘するように、「実践の言語」と「理論の言語」の相違を認識し、実践的研究と理論的研究の新しい関係を創出するような関係性が必要であろう。そこで参考になるのが、「臨床」の視点である。

酒井（2002）は、新たな学問の想像と問題への対処を同時達成するために、臨床教育学を批判的に検討し、日常の物語の異化という視点を持ちつつエスノグラフィーの可能性を指摘している。その中で、「エスノグラファーに求められるのは、訓練を積んだ専門家の資質や態度ではなく、対等な関係の中で、当事者の経験に権威を与え、その経験を共感を持って傾聴することである」（酒井 2002: 10）と指摘し、エスノグラファー（研究者）と当事者（教師）が対等な関係である必要性を説く。この研究を継続し、「教育臨床社会学」を構想している酒井（2014）は、「『臨床』においては、単に対象者の持つ固定観念を崩すだけではなく、それとともに研究者自身の持つ枠組みを反省していくこと、そしてその対話の中で、次に何が生まれてくるかが問われている」（酒井 2014: 32）と指摘しており、研究者と教師はただ対等なだけでなく、相互に影響を及ぼす互恵的な関係が想定されている。

本章で扱った授業作りを教育臨床社会学の立場から整理すると、共感的傾聴、日常経験の異化、互恵的関係の難しさの3点が明らかになった(9)。

第1項　一貫した共感的傾聴

まず、筆者は一貫して子どもたちの実態や〈教師〉たちの取り組み等、Z小の文脈を共感的に傾聴し、学年団の経験を尊重していた。例えば、「ちがいのちがい」の教材を提示する際、教材のもつ理論的背景を前面に押し出すのではなく、教材がいかに学年の実態と関連するのか、学年団の認識を踏まえながら提示した。また、〈教師〉たちは教材検討を重ねながら最終的には教材が意図する「ねらい」を部分的に用い、項目も3項目まで絞って授業実践を行うことになるが、そのことを「書記」として整理することで教師たちの実践経験に権威を与え、さらに筆者も授業実践を成立させる困難性を再認識することになる。

もう一つ特徴的なものがある。第2節第3項で見たように、教材を検討しながら浮上した〈教師〉たちの価値観への波及においても、共感的傾聴の必要性が垣間見られたことである。これは、〈教師〉の生活経験や価値観と密接した議論に発展しやすく、教職経験が均質化し、それに伴って軋轢や戸惑いが生じる可能性が高いジェンダー教育実践の特質に由来している。そのため、教職経験だけでなく各〈教師〉の生活経験に対しても共感的傾聴を行わなければ、〈教師〉の生活経験を否定することになりかねない。

このように、当事者である〈教師〉たちの教職・生活経験双方に共感的傾聴を行いながら、新たな視点を提示していく必要がある。それでは一体、共感的傾聴を行いながら新たな視点を〈教師〉たちへ提示した際、それを浸透させるために必要なことは何か。

第2項　日常経験の異化

〈教師〉たちのもつ枠組みに新たな視点を提供できたことを象徴するものが、「（やってみて）すごいよかった。こういう授業もあるんかと思った。やったことなかったんで」という高橋先生の語りである。ただし、これまで見てきたように、こうした発言は研究者が新たな視点を提示すれば自然に生まれるわけではない。当初は、筆者の対応に苦慮し、苦肉の策として今回の授業が提案されており、Hargreaves（1994）が「仕組まれた同僚性（contrived collegiality）」と呼ぶような、半ば強制的に学年団と筆者が連携して授業を行う経緯があった。そこで臨床的なアプローチを欠いたまま、研究者の「理論」を実践へ適用する関係性が継続するならば、教師たちにとっては他律的な取り組みを強いられることになり、その結果、油布（2007）が指摘する官僚制組織の中で役割遂行のエージェントとして、教師はただ与えられたことをこなす存在に陥りかねない。だからこそ、前項で示した共感的傾聴がまずは不可欠になるが、もう一つ重要なものがある。それが〈教師〉たちの日常経験の異化である。

第3節第1項で示したように、ジェンダー教育実践の授業作りを行う中で、〈教師〉たちが自らのジェンダー・バイアスを認識する新たな枠組みが生まれ、身近ではないと捉えていた問題が実は潜在的に存在していることを認識する[10]。そして、ジェンダーによる二重基準の存在を筆者が提示し、更なる異化を行うことになった。こうした異化に加え、共感的傾聴を継続して行うことで、新たな視点を生み出す「協働」へと結びついたと言える。ここで重要なことは、新たな視点の獲得にせよ、日常経験の異化にせよ、特定の個人単独で行われずに教師集団で行われていることである。〈教師〉たちが相互に各自のジェンダー・バイアスを提示しあい、新たな視点を一緒に共有しているため、〈教師〉間で「教える／教えられる」、もしくは「批判するもの／批判されるもの」という階層性が生まれていないことも重要な要因だと考えられる。

第3項　互恵的関係を支えるもの

ただし留意すべき点もある。それは、〈教師〉たちが未経験の教育実践は研究者と教師に縦関係が生まれやすい可能性である。実際、筆者が頻繁に異質化戦略を行っていても、効果を発揮しない場面が多々見られた。ところが、教材や模擬授業の検討は、筆者の想像を超えるほど「レパートリー」を駆使し、豊かに行われていたのである。そして、【場面7】の筆者の提案も、そうした豊かな検討を積み重ねることで偶然生まれている。

これらのことを踏まえると、研究者の新たな視点を提示する際、〈教師〉たちの実践や教材研究、振り返りを理論的発言から支援するだけでなく、研究者もまた〈教師〉たちの姿から、より現場へ根ざした理論の提示方法を検討するといった相互に影響を与える互恵的関係性であることを、研究者が教師へ示し続ける必要があるだろう。

第5節　パッケージ化したジェンダー教育実践を広げる研究者の一助

第5章で述べたように、「フォーマル×センシティブではない」ジェンダー教育実践は、「協働」によって同僚教師や学校全体へと取り組みが拡がりやすい。また、汎用性をもつジェンダー教育実践は、特定の学校や学級へと限定されずに多くの場で取り組まれるやすくなる。つまり、「フォーマル×センシティブではない」ジェンダー教育実践をパッケージ化することで、多くの教師たちに実践への門戸を開くことができる（あるいはハードルを下げる）。その具体例が、本章のジェンダー教育実践で参考にした『自分を生きる21』のような教材・実践集である。

しかし、本章でみてきたものは、そうしたパッケージ化された実践を新たに取り入れる際、検討を積み重ね多大な労力をかけて成立させていく〈教師〉たちの姿であった。換言すれば、パッケージ化されたジェンダー教育実践を現場の文脈に沿うよう〈コンテキスト化〉していく過程とも言える。そのような労力をかけずに、パッケージ化されたジェンダー教育実践を行うことも可能だろうが、その場合はその学校の子どもたちの実態と乖離し、「一時間もんで終わる」ことになりかねない。また、教材を検討する中で〈教師〉

たちの生活や価値観にも議論が波及しており、「正解」がないために各〈教師〉の評価や判断が異なることで余計な心理的負担を加えることにもなりかねない。

だからこそ、パッケージ化されたジェンダー教育実践を新たに導入することは、それほど単純でも、また容易でもないことをふまえていなければならない。それでも、学年団の〈教師〉たちと研究者である筆者が協力しながらジェンダー教育実践を成立させ、その過程で〈教師〉たちがもつジェンダー・バイアスの可視化が生み出されたことは、非常に意義のあることだろう。第5章でも述べたように、「ジェンダー・バイアスにセンシティブであるか否か」が〈教師〉個人へ委ねられやすい中で、こうした事例は「センシティブである」ジェンダー教育実践を学校現場へ広げるために貴重である。今回の事例では、〈教師〉たち自らの価値観や生活経験そのものを議論することは容易ではなかったが（【場面2】）、子どもたちの実態を踏まえた授業作りの過程で、自らのジェンダー・バイアスを互いに提示することはできた。初めてのジェンダー教育実践が〈教師〉たちの関係性を水平的にしたこと、部分的に部外者である筆者が〈教師〉たちの生活経験やジェンダー・バイアスをもつことをまずは傾聴したことが要因として考えられる。

今回取り上げたジェンダー教育実践のあり方が、他の文脈へ自動的に適用できるわけではない。また、結果として肯定的な評価であったことは偶然の要素も大きいし、当然課題もある。[11] しかし頻繁ではないものの、6年生学年団の〈教師〉たちがジェンダー・センシティブな視点を意識した発言や振り返りを行っている姿は、その後何度も確認できた。[12] 特定の授業を行うだけがジェンダー教育実践ではないため、こうしてジェンダー・センシティブな視点を意識することそのものが、ジェンダー教育実践が学校現場へ根付くことの土台になろう。そうした土台作りの一助として、研究者が果たす役割は決して小さなものではない。

注

（1）対象選定理由として、教師や地域住民にとって当然視されているものを把握する上で、学校現場の文脈を詳細に描きだすことができるフィールドワーク調査が適していることに加え、Z小の教師集団がジェンダー教育実践を行った経験をほぼ有しておらず、新たな取り組みを導入するケーススタディとしても妥当だと考えられる。

（2）夏休みの学習会やプールの時間の補助などをしていた。

（3）人権をテーマにした授業を保護者が参観する行事である。

（4）ジェンダーの視点を導入した授業を大阪では「男女共生教育」と呼び、その「男女共生教育」に関わる様々な教材・実践集がまとめられている。『じぇんだぁ・ふりぃＢＯＸ』が刊行され、後に改訂されたものが『自分を生きる21」男女共生教育教材・実践集』である。

（5）「ちがいのちがい」について、教材の目的は、「普段の生活の中で、当たり前だと感じていたことの中にも、身近な

進め方	① 各グループで、それぞれのカードについて「あっていいちがい」なのか、「あってはならないちがい」なのかを話し合う。その際、グループで考えた理由を簡単にまとめてメモしておく。 ② 意見が分かれたカード、判断ができなかったカードは「どちらとも言えない」カードとしてまとめておき、再度検討する。 ③ グループ討議を終えて、全体で報告する。それぞれのカードについて順番に、各グループの代表が「あっていいちがい」「あってはならないちがい」「どちらとも言えない」のどれにあたるかを理由も一緒に発表する。 ④ 各グループの発表を聞きながら、それぞれについての意見を各自でまとめる。 ⑤「どちらともいえない」という意見の多かったカードについて、全体で検討する。 ⑥ 性別による差別だけでなく、世の中に何気なく見過ごしている人権問題が存在していることを例にあげて示してみる。
留意点	＊あらかじめ決まった正解を求めることが目的ではない。この活動を通して、互いに意見を交流しながら、考えを深めることが大切である。 ＊更衣室や浴室などのように、プライバシーにかかわる事柄については、男女を分けることが必要である。形式的に男女をすべて一緒にすることを意味するものではない。

1 ワークシート
ちがいのちがい

①ノリコさんは学校まで歩いて3分かかり、ヒトシさんは自転車で15分もかかる。

②将来、サユリさんは、プロのサッカー選手を、アキラさんはシンクロナイズドスイミングの選手をめざしている。

③トモコさんは洗濯の手伝いをするが、お兄さんはしない。

④女性は結婚すると夫の姓に変わることが多い。しかし、男性が妻の姓に変わることは少ない。

⑤マサヤさんはカレーライスが大好きだが、ヨシコさんはあまり好きではない。

⑥ヒロシさんは女性の先生の授業では、私語ばかりしているが、男性の先生の授業では静かだ。

⑦カオルさんは学校の帰りが遅くなったため、担任の先生に送ってもらったが、ツヨシさんは一人で帰った。

⑧ジュンコさんは将来結婚を考えている。カオリさんは結婚しない予定である。

⑨女性の平均寿命は85才だが、男性は78才だ。(2001年統計)

⑩あるカラオケ屋さんでは、一時間の料金が、男性では1000円で、女性は500円である。

⑪マラソン大会で、男子は15キロ走り、女子は10キロ走る。

⑫小学校の先生には女性が多いが、校長先生には男性が多い。

⑬男性の給与を100としたら、女性の給与は60である。

⑭学校のトイレは、男子用と女子用に分かれている。

⑮ヒトシさんは「男は泣くもんじゃない」と言われるのに、ノリコさんは泣いても言われない。

⑯ユミさんはスカートが好きだが、カオルさんはズボンが好きだ。

(出典)大阪府人権教育研究協議会編(2003):68より抜粋.

ところに男女の人権に関わる問題が多く存在していることに気づかせる」（大阪府人権教育研究協議会編 2003: 67）と記載されている。教材の「進め方」や「留意点」については一六三頁のような例が示されている。

（6）この項目では、「男女で異なる対応に潜む男性優位／女性劣位の関係性」が含まれていることを問題にしていると推察できるが、学年団の議論では「人を見て異なる対応をする」ことに焦点が当てられており、本来の教材が持つ意図とは一致していない。これは「女性／男性」という構図よりも、「怖い教師／怖くない教師」という構図の方が「人を見て判断する」6年生の実態に即したものであると筆者が考え、教材の意図から拡大解釈し、この教材が取り組むに値するものとして学年団へ提示したことによる。

（7）学生結婚をしたため収入がなく、「一般的な男性像」とは異なる生きづらさを語った。

（8）これは Schön（1983 = 2007）が言うところの「仮想世界」における実験であろう。

（9）酒井（2014）によると、教育臨床社会学アプローチには、エスノグラフィー、社会構成主義の立場からの言説分析、参加型アクションリサーチの3つの方法があり、本章では第1のエスノグラフィーを中心に調査を行ってきたが、それに加え、偶然取り組まれた授業実践を通して、結果的に参加型アクションリサーチの要素を含むことになっていく。参加型アクションリサーチとは、積極的に現場へ入り込み、その場の課題解決に向けて当事者の人たちとともに協働していくものであり（酒井 2014: 38-52）、調査当初は観察者の立場であった筆者が、教材の提示や授業案の検討を通して学年団の一員として積極的に現場へ関与してきたことから、教育臨床社会学の2つのアプローチを用いることになった。

（10）同様のことは酒井（2014）も以下のように指摘している。「認識論的な問題は、現場の問題を理解する上では避けて通れない課題であり、その点での反省なく研究者が対象に接近すれば、それは単にこれまで人々がよしとしてきた解決法を理想論的に賞賛するだけで終わってしまうのではないかと危惧するのである」（酒井 2014: 27）。

（11）第一に、学校の文脈を尊重するあまり、教材の意図を部分的にしか用いることができていない。第2節第2項で示したように、授業では「個人」の尊重が強調され、「ちがいのちがい」の意図に包含されていたであろう「男性優位／女性劣位の関係性」を授業で検討することは後退している。もちろん、未経験の授業であることに加え、授業が子どもたちへ還元していくことを学年団が重視していたことからも、そうした結果が責められるべきではない。それでも「男／女子だから生まれる問題」をZ小の実態へ還元するような、よりジェンダー・センシティブな視点を重視した指摘も必要だったかもしれない。こうしたことは、酒井が「研究を進めていくことで当事者が気づかない前提に気づくこともあるが、そこに言及することが果たしてよいのかどうかは状況による」（酒井 2014: 55）と指摘するように、非常にバランス感覚が求められるものだろう。

第二に、筆者の立場が「大学院生」であったことも調査に影響を与えている。仮に「大学教員」が現場へ赴いた際も、本調査と同様に共感的傾聴や異質化戦略が効果を発揮するのかは定かではない。研究者の見習いであり大学院生だったからこそ、対等な関係性を容易に築けた可能性も残されている。

第三に、ジェンダー教育実践が一時的な取り組みに留まり、継続的なものへと拡大・発展していく必要性が挙げられる。今回のジェンダー教育実践に対して学年団の肯定的な評価や手応えがあったため、計二回の授業が行われたが、その後、特定の授業として行われることもなく、「ジェンダー」という文言が中心に話し合いが行われることもなくなってしまう。ジェンダー教育実践が学校現場へ根付くために必要なことを模索していかなければならないだろう。

(12) 筆者という存在がそのことを誘発している可能性も当然存在する。それは「筆者がいるから仕方なく」という消極的なもので始まったかもしれないが、「筆者がいるからこそセンシティブになる」という積極的な意味も含まれるのではないか。そうであるならば、ある学校でジェンダーに関心をもつ教師がいる場合、「センシティブである」ジェンダー教育実践を生みだす可能性がある。

第7章 〈教師〉の人生と向き合う

「ジェンダーと教育」研究において求められる教師の役割は「変革の担い手」であり、このことに異論を唱える者はいないだろう。確かに、学校教育の主要な担い手であり、多くの児童生徒を教育する立場として、ジェンダーをめぐる教育課題を教師自身が再生産することは由々しき事態であり、積極的に改善を図っていく必要がある。しかし、「変革の担い手」としての教師役割が強調され、多くのことが求められる一方で、教師が〈教師〉であることが忘れ去られてきた。改めて、ジェンダー教育実践と〈教師〉との関係を考察していきたい。

第1節 〈教師〉ゆえの困難

第1項 ジェンダー教育実践をパッケージ化することの功罪と〈教師〉個人への依存

今津（1996）は、教師教育の観点から教師の質に関して二つのモデルを整理している。第1に、教師の質を教師個人が身につけている知識（knowledge）・技術（skill）・態度（attitude）に求める「教師個人モデル」である。このモデルでは、態度的側面が重視され、人格や意欲、使命感などが教師の適性として要求されやすく、ここでの質向上は教員選抜に力点が置かれ、教員養成を終了した段階である程度完成された教師が求められる。第2に、教師―生徒関係を中心とする教師の役割行動を改善することを通じ、授業を核とした学校教育そのものの質を向上させようとする「学校教育改善モデル」である。このモデルでは現職教育を何よりも重視し、日常の学校現場における身近な教育課題を解決するための研修が中心となる。こうした現職教育を通じて、常に成長発達を遂げていく「未完成の教師」が想定されている。世界の教師教育研究の流れは、「教師個人モデル」から「学校教育改善モデル」へと転換しつつあるが、日本の教師教育は「教師個人モデル」に基づいたものが根強い（今津 1996: 1-15）。

これまでのジェンダーをめぐる教育課題における教師の役割も、「教師個人モデル」に基づいている。そこで教師に要請されるものは、自らのジェンダー・バイアスに自覚的であり、ジェンダー・センシティブな視点で児童生徒の姿を見つめ、ジェンダー教育実践を行っていく、まさに「完成された」教師である。その一方で、ジェンダーに関する学習機会を十分提供されないまま教職へ就いている者が多数存在し、現職教師の場合も十分な学習機会が提供されているわけではない（第2章）。もちろん、偶然にもジェンダー教育実践へと興味関心を抱く〈教師〉は存在し、それが教師集団へと広がる可能性もある。その始まりは多くの場合、児童生徒の実態に根ざしたものであった（第5章）。そして、初めてジェンダー教育実践を行ったZ小の〈教師〉たちも、徹頭徹尾、児童らの実態や教師集団で行っている実践と関連させようと努めていた（第6章）。現場の〈教師〉たちは、勤務学校の課題を解決する「学校教育改善モデル」に則った実践を行っている。そこでの教育課題は文脈が異なればそれへの解決策も異なるため、「未完成の教師」として新たな学習が必要になろう。こうした「未完成の教師」像は、自己訂正作用や文脈の変化への対応を重視するジェンダー・センシティブな視点とも親和的である。このように、アカデミズムで批判され・要請される教師像と現場の教師たちの実態との間に、大きな乖離が生じたまま議論を展開することは避けなければならない。

ところで、山口先生に変容をもたらし（第4章）、協働により学年集団や学校全体へと取り組みが広がり（第5章）、Z小の〈教師〉たちと研究者が協力して作り上げながら成果を挙げたものは（第6章）、全て「フォーマル」なジェンダー教育実践であった。特に、実践・教材集としてパッケージ化可能な「フォーマル×センシティブではない」ジェンダー教育実践は、各学校の文脈に左右されない汎用性をもち、多くの教師たちへ取り組みの門戸を開くことになる。そして、本書で登場した〈教師〉たちの多くは、「フォーマル」なジェンダー教育実践を通じて、自らのジェンダー・バイアスを認識するようになり、「フォーマル×センシティブである」ものへと変化していく様子がうかがえた。確かに、「センシティブである」ことへの変化は偶然性の要素も強い。それでも、ジェンダー教育実践をパッケージ化することによって、より多くの教師たちがそれに関わり、「偶然の数」を増加させることで、ジェンダーをめぐる教育課題の変革へ向けた「フォーマル×センシティブである」ジェンダー教育実践が多くの学校へと拡がっていく可能性は十分高いであろう。

しかし、パッケージ化することの弊害も存在する。第1に、パッケージ化されて取り組みが容易になったからと言って、必ずジェンダー教育実践が取り組まれるわけではないという、「ジェンダー教育実践を行うか否か」が偶然性に左右される。要するに、ジェンダー教育実践へ関心をもつ〈教師〉の存在が重要となり、個人に依存している。もちろん、学校以外の人物によってジェンダー教育実践の提案が行われることもあるが、第5章で論じたように、学校教育内外で普遍性を与えられていないジェンダー教育実践は数多のコンテクスト化された実践の一つに位置づくため、常に他の教育実践との間で優先順位のせめぎ合いが生じる。第2に、パッケージ化されていることでジェンダー教育実践の間口は広がるが、当該学校の文脈へ即した実践にするために長い時間をかけて省察を行い、実践を作り上げていかなければならず、非常に労力がかかる。そうした労力を避けて、パッケージ化されたジェンダー教育実践を単純に行った場合、児童生徒の実態と乖離しかねない。第3に、パッケージ化されているために、ジェンダーをめぐる教育課題へ特段の問題意識をもたない〈教師〉は、課題が克服されたかどうかを検討することなく、ただ機械的に「フォーマル×センシティブではない」ジェンダー教育実践をこなすだけに留ってしまいかねない。また、どんな形であれジェンダー教育実践を行っていることから、「ジェンダーをめぐる教育課題へ取り組んでいる」という意識を生み出すこともあるだろう。第4に、パッケージ化されたジェンダー教育実践から「インフォーマル」、あるいは「センシティブである」ジェンダー教育実践へと変化するか否かは、〈教師〉個人の判断に依存する。学校や学年単位でジェンダー教育実践が行われた場合、「フォーマル」なものとして位置づいているため、極端な拒絶感がない限り所属教師たちは共に取り組みを行うだろう。それに対して、「インフォーマル」、「センシティブである」ジェンダー教育実践を行う責任は所属教師たちに課されていないため、それを行うかどうかは各〈教師〉の価値観や判断に委ねられる。つまり、〈教師〉とジェンダー教育実践の関係が立ち現れることになる。

以上、パッケージ化されたジェンダー教育実践のメリット、デメリット双方を整理してきたが、そもそもパッケージ化という方法はジェンダー・センシティブな視点と相容れない。なぜなら、ジェンダー・センシティブな視点は、当該学校や教室に応じて変化するジェンダーの問題をつぶさに観察することが求められるからである。だからといって、パッケージ化されたジェンダー教育実践が無意味であるとは言えず、それを契機としてこれまで無関心であった教師たちが取り組み始める可能性は十分にあり、そのことを過小評価すべきではない。しかし、パッケージ化されたジェンダー教育実践が、「多忙だから」、「一度実践したから」という理由などで、個人の実践へと狭小化したり、実践が行われなくなることも容易に起こり得る。また、ジェンダーをめぐる教育課題に対して重要だと考えられている、「インフォーマル」あるいは「センシティブである」ジェンダー教育実践が行われるか否かは、結局〈教師〉個人の判断に委ねられており、最も重要なところで個人へ依存することになる。

それでは一体、「インフォーマル」、あるいは「センシティブである」ジェンダー教育実践が行われにくいのはなぜなのか。これらのジェンダー教育実践は、教師が〈教師〉だからこそ、困難を極める。

第2項　〈教師〉を巻き込むジェンダー教育実践の困難

「センシティブである」ジェンダー教育実践は、〈教師〉の潜在化されたジェンダー・バイアスや性別観を顕在化する。山口先生は同僚教師による「インフォーマル×センシティブである」ジェンダー教育実践によって葛藤に陥ったが、その後自らが取り組んだ「フォーマル」なジェンダー教育実践を通じて「センシティブである」ジェンダー教育実践へつながり、自分自身のジェンダー・バイアスと向き合うことに成功している（第4章）。また、Z小の〈教師〉たちのように、ジェンダー教育実践を作り上げていく中で、児童とのやりとりや観察する視点にジェンダー・バイアスが存在することに気づいていく（第6章）。こうした姿は、〈教師〉たちがジェンダー教育実践によって、「変革の担い手」へと変化していく可能性を包含している。

しかし、「センシティブである」ジェンダー教育実践は、〈教師〉だからこそ多大な困難を生じさせる。「センシティブである」ジェンダー教育実践は、〈教師〉の潜在的／顕在的な価値観におけるジェンダー（・バイアス）を可視化させるため、少なからず「間違いを指摘される」ことになる。このことは、指摘対象となった〈教師〉へ心的負担をかける可能性も高く（第4章）、場合によっては反発されることもあるだろう。〈教師〉の価値観や人生経験などの側面を不可避的に巻き込むからこそ、「ジェンダー・バイアスの何が問題なのか」を説得的に説明できなければ、再三引用している男女平等をめぐる見解の錯綜によって（多賀2016）、議論は平行線にならざるをえない。また、〈教師〉の価値観への言及は「相補性」の破綻を招きかねないため（第5章）、「センシティブである」ジェンダー教育実践はそれを一層困難にする。授業実践や児童生徒指導の場合、熟練教師から若手教師への徒弟的な指導関係も成立するため、それらに関する価値観への言及があっても軋轢はある程度抑制される。一方で、ジェンダーによる価値観やそれによる生活経験を議論の俎上に載せるならば、教職経験が均質化されることで徒弟的な関係も成立しないため（第6章）、〈教師〉間の軋轢を生じさせるリスクも上昇する。

以上を踏まえると、〈教師〉を巻き込むジェンダー教育実践は、幾重にも重なる困難を抱えている。第1に、それぞれの〈教師〉の価値観や立場を尊重する場合、ジェンダー・センシティブな視点も数あるパースペクティブの一つとなり、「何をもってバイアスとみなすのか」という共通認識を構築しなければ、議論が平行線をたどったままとなる。第2に、ジェンダー・センシティブな視点の必要性が認められたからといって、それをもとに〈教師〉を批判することや価値観の変容を迫ることは、〈教師〉に多大な負荷をかけるリスクを抱えている。もちろん前述したように、当該〈教師〉へ向けた「センシティブである」ジェンダー教育実践が、「変革の担い手」につながるような肯定的な変容をもたらすことは十分考えられる。しかし、それとは反対に、対象となった〈教師〉に負担をかけるだけでは、彼/彼女らの価値観を揺るがしかねないストレスやリスクを与えることにもなりかねない。その上、〈教師〉にもたらされた負担やリスクに対して、他者が支援を行うことは容易ではないし、ましてや、そうした否定的反応の契機となるジェンダー教育実践を行った者が支援することは不可能に近いだろう。つまり、「センシティブである」ジェンダー教育実践によって引き起こされた負荷を背負うことや対処を迫られるのは対象となった〈教師〉自身であり、彼／彼女らの対応に依存することとなる。当然、このようなリスクを内在した「センシティブである」ジェンダー教育実践を同僚〈教師〉へ行うことは困難を極める。

ジェンダーをめぐる教育課題を「変革する担い手」としての役割を強調することで、第1の困難を乗り越えることはできるかもしれない。ところが、「変革する担い手」役割を強調しても、「センシティブである」ジェンダー教育実践が〈教師〉の価値観や立場へ言及することは避けられず、結局は第2の困難が生まれることになる。パッケージ化されたジェンダー教育実践でさえ安定的に取り組まれることは容易ではないが、教師が〈教師〉であることを不可避的に巻き込む「センシティブである」ジェンダー教育実践は、取り組みの敷居を高め、「多忙だから」や「個人でやるから」などの理由によって忌避されることになりかねない。

このように、ジェンダー教育実践と〈教師〉の関係は、教師が「変革の担い手」となる可能性をもちつつ、限界を抱えている。特に、ジェンダー教育実践が個人化へと狭小化、あるいは行われないことと、〈教師〉自身の価値観や考え方を相対化するようなジェンダー教育実践が個人的努力に終始してしまうことは、ジェンダーをめぐる教育課題が再生産される余地を常に内包し、それに対して強硬なアプローチは難しいため、ジェンダー教育実践が立ち往生してしまう。本章の最後では、この閉塞した状況を脱するため、各章で得た知見をもとに〈教師の人生〉と向き合うために必要なことを考え、ジェンダー教育実践の新しい視座を提示したい。

第2節 〈教師の人生〉と向き合うジェンダー教育実践へ

第1項 ジェンダー化された〈人生〉と向き合う

まずは、ジェンダー教育実践に対する関心の有無にかかわらず、〈教師〉自身がジェンダー化された存在だということを認識する必要がある。Girouxの言葉を借りれば、〈境界〉に制限された存在ということになる。[1]〈教師〉の育ってきた環境や経験は一定の価値志向を生み出す。例えば、「男性であること」や「女子として育ってきた経験」が、その人自身の考え方や価値観へ影響している。言ってしまえば〈教師〉も政治的存在であり、「何をもって男女平等とみなすのか」や「ジェンダー教育実践の必要性」に関する考えも〈教師〉の経験に枠づけられる。[2]自分自身の価値観を批判的に問い直すこと（越境すること）は、下手をすればそれまでの自分の経験を否定することにもつながりかねず、過度な負担をもたらすかもしれない。各章で登場した〈教師〉もジェンダー化された存在であり、彼／彼女らの認識や経験を限定していた。それに対して教師の役割を強調したところで、そうした〈境界〉に自覚的になったり、越境者となったりすることが難しい上、教師自身が「再生産の担い手」であることを学習しても逆効果になる可能性がある。[3]それに対して、〈教師〉自身の経験、認識、思考に一定の「限界」があることを認めることは、即座に自分自身の否定・批判には結びつかず比較的容易に行えるだろう。手始めに、「男性／女性であること」から自分の人生経験や立場、価値観を振り返っても、十分に意義があるだろう。

次に、児童生徒もジェンダー化された存在であることを認識する必要がある。第1章でみたように、児童生徒が過ごす学校には様々な隠れたカリキュラムが存在し、児童生徒たちはそれらから無意識のうちにジェンダーを学習する。そして、学校以外もまた、ジェンダー化された環境であるため、児童生徒がジェンダーから無縁でいることは難しい。児童生徒の実態にジェンダーが影響していること、児童生徒たち自身がジェンダー化されていることを念頭におきたい。

「ジェンダー関係は、常に日常生活において構成されている。ジェンダーは、意識的に取り上げられない限り、存在しないも当然である」（Connell 2002＝2008: 94）からこそ、またジェンダー関係は全ての人に当事者性を付与するからこそ、〈教師〉自身や児童生徒がジェンダー化された存在であることを前提とする必要がある。(4)

第2項　「限界」の共有と児童生徒を中心にして

前項で述べたことは、ジェンダー教育実践と直接関係するわけではなく、〈境界〉を認識できたとしてもジェンダー秩序の変革へ自動的につながるわけではない。そのため、本書で得られた知見をもとに、学校におけるジェンダー秩序の変革を明確に目指すジェンダー教育実践で重視すべき点を示したい。その前に、ジェンダー教育実践は常に強く変革の志向を目指す必要もなく、〈教師〉個人が身近なこと、小さなことから始めることの重要性も強調しておきたい。例えば、これまで「男子／女子」という性別カテゴリーを用いていたことに意識を向ける（あるいは使用を控えてみる）、ワークライフバランスを見つめ直し普段より少し早く退勤する、児童生徒の呼称を「さん」で統一するなどの「インフォーマル」なジェンダー教育実践一つ一つの小さな積み重ねが非常に重要であることは、強調し過ぎても足りないくらいである。こうした重要性を前提に、〈教師〉との関係をふまえたジェンダー教育実践を推進していくために必要な視点を以下に示そう。

第1に、児童生徒の実態を中心に据えてジェンダー教育実践を行うことが重要となる。これまでもジェンダー教育実践に関心をもっていた方々からすると、あまりにも当然の事柄かもしれないが、本書で登場するジェンダー教育実践は「センシティブである」か否かにかかわらず、児童生徒の実態を中心に据えることで大きな抵抗もなく取り組まれていたため、改めてこの点を強調しておきたい。児童生徒の実態を中心に据えることで得られるメリットは、彼/彼女ら自身がジェンダー化された経験を認識し、それを越境することでジェンダー秩序に批判的な姿勢や思考力を育成できるだけでなく、児童生徒の「声」を聞くことで教師が自らの「限界」を認識し、ジェンダー教育実践が広がっていくことも挙げられる(5)。

第2に、ジェンダー化された〈境界〉が一定の「限界」をもたらすことへの理解を同僚〈教師〉へ行い、〈教師〉集団で経験や「限界」の共有を行うことが有効である。教師のジェンダー(・バイアス)に基づく言動によって児童生徒の個性を制限することは、ジェンダー公正な社会を目指す上で許されるわけではないため、〈教師〉がジェンダー化されているからといって、ジェンダー(・バイアス)に基づく言動が免責されるわけではない。しかし、ジェンダー(・バイアス)を批判されて誰もが自省的になるようであれば、おそらくジェンダー教育実践と〈教師〉の関係に困難はないだろう。自身がジェンダーを「再生産する担い手」であることを指摘されることは負担になり得るし、他者から指摘されて自省的になることも難しい。

そこで重要となるのが、やはり児童生徒を中心にジェンダー教育実践を行い、彼/彼女らを媒介にして、〈教師〉自身の経験や「限界」を互いに認識・共有することである。その際、〈教師〉の立場や価値観を直接議題にせず、児童生徒への対応を振り返ることが肝要だろう。こうしたプロセスを〈教師〉個人で完結させるよりも、〈教師〉集団による取り組みが重要なのは、常に他者が身近に存在するからである(6)。第4章や第6章で扱ってきた〈教師〉たちの変容や認識枠組みの広がりを生み出した背景には、児童生徒、同僚〈教師〉、研究者といった他者の存在が重要な位置を占めていた。これらは、他者の存在によって〈教師〉の〈境界〉の「限界」を認識することが促進された好例だろう。多様な他者と「協働」することで、他者の「限界」を批判・否定するのではなく、自らも越境しながら他者の越境を促すための視点を提供することができる。

第3に、学校が政治的闘争の場であるからこそ、ジェンダー教育実践をめぐって不断の交渉が必要となる。ジェンダーをめぐる教育課題は多数存在しているし、学校教育以外の領域でもジェンダー公正な社会とは言い難い課題が数多く存在するため、ジェンダー教育実践が必要なことは言うまでもない。しかし、第5章で見たように、ジェンダー教育実践は「正統性」が担保されにくく、「男女平等」に関する基準も錯綜している。また、近年の医学部入試問題によって性差別が顕在化されたとはいえ、制度的・形式的には男女平等だからこそ、ジェンダー教育実践が不要と思われがちとなる。[7]当然のことだが、学校はジェンダー以外の政治的闘争の場でもあり、当該学校にとって「正統な実践」は、その他の実践とのせめぎ合いによって生じた結果である。ジェンダー教育実践が行われるか否かも、他の教育実践との関係の中で判断されなければならない。また、第5章のように、男性中心の学校文化において取り組まれにくいジェンダー教育実践が存在することも事実である。[8]このように、何重ものハードルが存在する。

社会全体で一貫したジェンダー関係のパターンは存在しないため、それぞれの学校にはそれぞれのジェンダー体制が存在し、それらを貫く一つの明確な変革の形は存在しない。だからこそ、学校の状況や児童生徒の実態を中心に据え、「どういったジェンダーの教育課題があるのか」、「なぜ男女平等と言える状況ではないのか」などを提示し、ジェンダー教育実践の必要性を訴え続けることが重要となる。これは非常に労力を要するが、児童生徒の実態をふまえたジェンダー教育実践を作り出すこと、またその必要性を不断に交渉することで、学校の文脈に即した実りあるジェンダー教育実践となる。

従来の「ジェンダーと教育」研究で重視されてきたジェンダー・センシティブな視点が無用の長物になったわけではなく、ジェンダー秩序を変革していく上でジェンダー（・バイアス）へ着目することは今後も重要だろう。しかし、ジェンダー・センシティブな視点だけでは、〈教師〉であることとの複雑な関係や実践の個人化といった難しい局面がもたらされることも事実である。ジェンダー秩序を変革する可能性をさらに押し拡げるために、〈教師の人生〉と向き合いながらジェンダー教育実践を進めていくことが必要となる。ややユートピア的にも思えるが、ジェンダー秩序の変革を目指す一助として、〈教師の人生〉と向き合うジェンダー教育実践を提示して本書を締めくくりたい。現に、ジェンダー教育実践が多くの〈教師〉によって行われ、成果が蓄積されている。ジェンダー秩序を変革する素地は既に学校現場へ根づいている。

注

（1）もちろん、ジェンダー以外にも〈境界〉へ影響するものはあるだろう。第2章で教職課程を履修する学生や現職教師のジェンダーに関する学習機会が少なく、自らのジェンダー化された経験を相対化する場の乏しさが示唆されたが、ジェンダーにかかわらず、自らの価値観や立場を相対化するような場を教職課程で設けることで、〈境界〉を問い直す経験を蓄積できるかもしれない。

（2）一般的にジェンダー公正な社会であるとみなされやすいフィンランドでも、現状を「男女平等である」と判断する割合は女性よりも男性が多く、女性の方がそうした現状に批判的である（Ylöstalo・Brunila 2018）。

（3）Ylöstalo・Brunila（2018）は、ジェンダー平等（gender equality）を考えることで、これまで気づかなかった不平等に気づき、時には自分がその不平等を再生産していることを学習することになるため、緊張状態を生みやすいと指摘する。そして、そうした緊張状態が学習を拒否する態度を生み、ジェンダー平等の取り組みの失敗へとつながってしまう。

（4）男女間の〈境界〉だけでなく、同性間の階層性による〈境界〉も含まれる。

（5）仮に、「センシティブである」ジェンダー教育実践が個人的取り組みであっても、児童生徒の変容を経て、間接的に他の教師へ「センシティブである」ジェンダー教育実践が波及することもあるだろう。

（6）集団の構成員は、教師に限定されず、保護者や地域住民、研究者など、学校に関係する多様な人々の存在も必要だが、やはり、学校現場で教育実践を行う核となるのは〈教師〉たちであり、〈教師〉集団が中心であることは重要だろう。

（7）ジェンダーをめぐる教育課題やこれまでの研究蓄積の知見を研究者が積極的に情報発信したり、学校現場と協力関係を築くことも重要だろう。

（8）学校ごとに取り組みやすい、あるいは取り組むことが難しいジェンダー教育実践は存在する。学校段階や学校規模、そして学校ごとのジェンダー関係に応じたジェンダー教育実践のあり方や類型などについて本書では十分に扱えなかったことは今後の課題としたい。

あとがき

赤いコンパス。卒業論文のテーマ探しに苦しんでいた私が「ジェンダーでやろう」と決めた「もの」だ。小さい頃、私は赤色が好きだった。小学校3年生でコンパスを購入する際、なぜか赤黒2色の選択肢しかなく、生粋の天邪鬼である私は迷うことなくあえて赤色を選択した。初めてコンパスを使う日、クラスメートから「寺町、何で赤色なん？」「おねえちゃんのお下がり？」と次々に質問された。私は聞かれるたびに「赤色が好きやから」と答えた。「黒色は男の子、赤色は女の子。昔からそうやから」という考えで、人の選択をあれこれ言うことに違和感を覚えた。そんな小学生時代を思い出し、卒論テーマにしたのである。

封印したくなる卒論だったが、「まだマシ」だったインタビュー調査で、ジェンダーの授業を受講した2人の友人（男性）から「より一層ジェンダー賛成、強化されたね。イラッとしたもん」、「俺は否定的な感覚だったね、偏りすぎて。ジェンダーっていうのもわかるけど、押し付けるジェンダーだったから」と語られた。「ジェンダーを学習すれば教師もジェンダーにセンシティブになる」と素朴に考えていた私にとって、彼らの語りは新鮮でもあり、また、大学院へ進学してからもずっと引っかかったままだった。

大学院へ進学以降、フェミニズムやジェンダーに関する数多くの論考を読んだ。テーマにした経緯からわかるように、ジェンダーによる「しんどい」経験や強い違和感を私は明確に持っていなかった。むしろ大阪南部の私が生まれ育った地域は「マッチョな社会」だったし、自分も「マッチョな社会」を内面化していた。大学院の勉強はそんな私の〈境界〉を照らすものだったし、時には自分の〈境界〉やそれが生みだす自覚のない「抑圧」に反省したり、思い悩んだりしたこともあった。今も時折しんどいことがある。

不真面目でフラフラしていた私を、見るに見かねた指導教員の木村先生から「学校の先生に話聞いてみたら?」とアドバイスされたのが博士後期課程2年だった2010年。「ジェンダー公正な社会という『正解』へ進めばいい」と単純に考えていたが、インタビューやフィールド調査を始めて、学校現場の「声」を聞けば聞くほど、「正解」へ進む難しさや、「正解」との距離が人によって異なることを感じた。

ただ、「それでも前へ進む『手がかり』になるものを書きたい」という想いから本書を執筆した。〈教師〉という考えは、学校現場の「声」だけでなく、引っかかったままの友人たちの言葉も影響しているし、それ以上におそらく私の〈境界〉がもたらす「甘え」や「迷い」も反映されていると思う。もしかすると、「甘え」や「迷い」がにじみ出ているかもしれないけれど、本書が誰かの「手がかり」となるよう願う。

本書を執筆するにあたりご協力、ご助言いただいた方々へ改めて御礼申し上げます。

まずは、インタビュー調査へご協力いただいた先生方へ。実践報告を終えられた直後、「お話を聞かせてください!」と声をかける私にも皆さん快くインタビューを引き受けてくださいました。先生方のお話には常に「子どもたちの姿」があり、「子どもたちの姿」から実践を行い、自分自身を振り返っておられました。先生方のもつ情熱や経験に触れられたことは本当に貴重な経験でした。

Z小学校の先生方へ。数多くのご無礼やご迷惑をおかけしたと思います。それでも(特に6年生の)先生方から、色々な場に参加できるよう声をかけていただき、Z小での居場所を作っていただけました。お世話になった3年間、特に初年度は週2回以上伺っていたこともあり、ここには書き尽くせないほどの思い出があります。先生方が日々遅くまで奮闘する姿、学年団で協力する姿をすぐ横で見ることができ、時には私も学年団の一員として携わったことは、大きな財産となっています。

生涯教育学研究室の方々へ。勉強より飲み会の思い出の方が強いです。特に今井貴代子さん、片山悠樹さん、木村和美さんとはよく飲みに行き、頼りにしていた先輩方でした。

読書会・研究会でご一緒した方々へ。孤独な作業が多い研究の中で、皆さんの存在が支えになり、励みにもなりました。特に、知念渉さん、中村瑛仁さん、山口季音さんとの読書会は、学生結婚してフリーター生活で疲弊していた私を研究の世界へ繋ぎ止めてくれた貴重な場でした。また、有間梨絵さん、植松千喜さん、栗原和樹さんには草稿へ丁寧なコメントをいただき、大変ありがたかったです。

日本教師教育学会の課題研究グループの先生方には、研究のいろはも分からない状態の私を研究グループへ参加させてくださり、暖かい励ましやご助言をいただきました。

博士論文審査の過程では3名の先生方にご指導いただきました。小野田正利先生の「具体的な形がイメージできるように」というご指摘を常に念頭におきました。岡部美香先生の「本として出版し、多くの人に読んでもらうべき」という言葉は、落ち込んでいるときにエンドレスリピートしていました。高田一宏先生の「課題だけでなく希望や可能性を書いて欲しい」というコメントは本書でも重視した点です。

勤務している宮崎公立大学の教職員の皆さまにも大変お世話になっています。本格的な大学教員生活をこの大学で始められたことを幸運に思っています。本書出版に際して、「宮崎公立大学学術研究推進助成事業」の助成を受けていることを付記いたします。

関西大学の多賀太先生にも大変お世話になりました。ゼミへの参加だけでなく、丁寧な研究指導や励ましをいただき、今振り返ると非常に贅沢な時間でした。本書出版も多賀先生のご紹介がなければ実現できませんでした。多賀先生の研究に乗っかってばかりですが、いつか乗っかられるように頑張りたいです。

平沢安政先生には、大学院入学時から大変お世話になりました。平沢先生は常に心優しく、肯定的な言葉をかけていただきました。大学院生時代、何度も挫けそうになった私がこうして研究を続けられたことは、平沢先生が醸し出す寛容的な雰囲気によって支えられていたからこそだと思います。平沢先生から学んだ人権教育の重要性を年々感じるようになっています。

木村涼子先生には、「ありがとうございます」という言葉では語り尽くせないほど、お世話になりました。不名誉エピソードをあげればキリがないですが、そんな私がこうして本を執筆できたのは、木村先生の存在なしではあり得ないです。気持ちとしては共著です。博論を書き上げた時、「50年読まれる本を書きなさい」と言われ内心ビビってしまいましたが、その気概を持って今後も研究していきます。年々木村先生の背中が大きくなって前方が見えないのですが、いつか背中越しの景色が見られるように頑張ります。

晃洋書房の山本博子さんにも大変お世話になりました。遅筆でミスも多く、ご迷惑ばかりおかけしましたが、初めての単著を山本さんにご担当いただけてよかったです。

家族へ。親になり、この歳になって両親の支えや存在にしみじみ感謝しています。将来不透明な大学院生の私を暖かく家族として迎え入れてくれた相方のご両親にも感謝しています。相方の麻衣なしでは本書はもちろん、今の私も存在していないです。ありがとう。ふたりのこどもたちはパパのいちばんです。

ふりかえると、いつも多くの方々に支えてもらい、お世話になってばかりですが、これからも存分に支えられ、お世話になりながら、誰かの支えになるような研究ができるように精進していきます。

2021年7月

寺町晋哉

初出一覧

本書は、２０１７年に大阪大学大学院人間科学研究科へ提出した博士論文「ジェンダーをめぐる教育課題に対する教師の役割再考――ジェンダー・クリティカル・ペダゴジーの構築へ向けて――」を加筆・修正したものである。各章のもとになった論文は以下のとおりである。

第2章　寺町晋哉、2012、「教員養成課程におけるジェンダーの視点導入の課題――学生の履修状況と『ジェンダーと教育』に対する認識から――」『大阪大学教育学年報』17：59–72。

第3章　寺町晋哉、2020、「女子のトラブルを『ドロドロしたもの』とみなす教師のジェンダー・バイアス――関係性への焦点化に着目して――」『宮崎公立大学人文学部紀要』27（1）：103–119。

第4章　寺町晋哉、2014、「『ジェンダー教育実践』が生み出す葛藤と変容――教師へのインタビュー調査から――」『教育学研究』81（3）：310–321。

第5章　寺町晋哉、2015、「ジェンダーの問題に対する教育実践がもつ『協働』の可能性と限界」『日本教師教育学会年報』24：118–128。

第6章　寺町晋哉、2017、「ジェンダーの視点を導入した授業づくり――教師との連携における教育臨床社会学アプローチの有効性――」『大阪大学大学院人間科学研究科紀要』43：121–139。

索　　引

〈ア　行〉

〈カ　行〉

〈サ　行〉

〈タ　行〉

〈ハ　行〉

〈マ・ラ行〉

参考文献

秋田喜代美，1998，「実践の創造と同僚関係」佐伯胖・黒崎勲・佐藤学・田中孝彦・浜田寿美男・藤田英典編『岩波講座 6　現代の教育　教師像の再構築』岩波書店，235-259.

秋田喜代美・佐藤学編，2015，『新しい時代の教職入門〔改訂版〕』有斐閣（有斐閣アルマ）.

天野正子，1988，「『性と教育』研究の現代的課題――かくされた『領域』の持続――」『社会学評論』39（3）：38-55.

Andersson, K., Hussénius, A., and Gustafsson, C., 2009, "Gender theory as a tool for analyzing science teaching," *Teaching and Teacher Education*, 25 : 336-343.

青田泰明，2006，「不登校現象にみられるジェンダー問題――経験者の『語り』から――」『子ども社会研究』12：3-14.

Apple, M. W., 1979, *Ideology and Curriculum*, Routledge（=1986，門倉正美・宮崎志保・植村高久『学校幻想とカリキュラム』日本エディタースクール出版部.）

アップル，M. W.，アウ，W.，2009，「批判的教育学の政治、理論、現実」アップル，M. W.，ウィッティ，G.，長尾彰夫『批判的教育学と公教育の再生――格差を広げる新自由主義改革を問い直す――』明石書店，10-38.

浅井幸子・黒田友紀・杉山二季・玉城久美子・柴田万里子・望月一枝，2016，『教師の声を聴く――教職のジェンダー研究からフェミニズム教育学へ――』学文社.

有海拓巳，2011，「地方／中央都市部の進学校生徒の学習・進学意欲――学習環境と達成動機の質的差異に着目して――」『教育社会学研究』88：185-205.

Butler, J., 1990, *Gender Trouble*, Routledge（=1999，竹村和子訳『ジェンダー・トラブル』青土社.）

Caplan, P.J., and Caplan, J.B., 2009, *Thingkin Critically about Research on Sex and Gender, 3 rd Ediction*, Pearson Education.（=2010，森永康子訳『認知や行動に性差はあるのか――科学的研究を批判的に読み解く――』北大路書房.）

Chambers, D., 2006, *Connections in a Fragmented Society, Palgrave Macmillan*.（=2015，辻大介・久保田裕之・東園子・藤田智博『友情化す

る社会――断片化のなかの新たな〈つながり〉――』.）

知念渉，2018，『〈ヤンチャな子ら〉のエスノグラフィー――ヤンキーの生活世界を描き出す――』青弓社.

Connell, W. R., 1987, *Gender and Power: Society, the Person and Sexual Politics,* Cambridge: Plity.（＝1993，森重雄・菊地栄治・加藤隆雄・越智康詞『ジェンダーと権力――セクシュアリティの社会学』三交社.）

Connell, W. R., 2002, *Gender,* Polity Press.（＝2008，多賀太監訳『ジェンダー学の最前線』世界思想社.）

Cubero, M., Santamaría, A., Rebollo, M. A., Cubero, R., García, R., and Vega, L., 2015, "Teachers negotiating discourses of gender (in) equality: the case of equal opportunities reform in Andalusia," *Gender and Education,* 27（6）: 635-653.

Erden, T.F., 2009, "A course on gender equity in education: Does it affect gender role attitudes of preservice teachers?," *Teaching and Teacher Education,* 25 : 409-414.

藤田由美子，2015，『子どものジェンダー構築――幼稚園・保育園のエスノグラフィー――』ハーベスト社.

藤原文雄，1998，「教師間の知識共有・創造としての『協働』成立のプロセスについての一考察」『東京大学大学院教育学科研究科教育行政研究室紀要』17： 2 -21.

藤原直子，2000，「Feminist Pedagogyにみるアイデンティティ形成の課題」『日本デューイ学会紀要』41：120-125.

藤原直子，2004，「フェミニスト・ペダゴジーにおける教師の権威」『日本デューイ学会紀要』45：123-130.

古田和久，2016，「学業的自己概念の形成におけるジェンダーと学校環境の影響」『教育学研究』183（1）：13-25.

Gilligan, C., 1982, *In a Different Voice: Psychological Theory and Women's Development,* Harvard University Press.（＝1986，岩尾寿美子監訳『もうひとつの声』川島書店.）

Giroux, A. H., 1992, "Resisting Difference: Cultural Studies and the Discoourse of Critical Pedagogy," *Cultural Studies, Routledge.*（＝1996，大田直子訳「抵抗する差異――カルチュラル・スタディーズと批判教育学のディスコース――」『現代思想』24（7）：129-147.）

Giroux, A.H., 1988, *Teachers as Intellectuals: Toward a critical pedagogy of learnings,* Preager.（＝2014，渡部竜也『変革的知識人としての教師――

批判的教授法の学びに向けて――』春風社.）
Giroux, A.H., 2005, *Border Crossings second edition: Cultural Workers and the Politics of Education,* Rouotledge.
Goodin, E.R., 1986, "Responsibilities," *The philosophical Quartely,* 36 (142) : 50-56.
Goodson, F.I., *Life Histories of Teachers :Understanding Life and Work.* (= 2001, 藤井泰・山田浩之編訳『教師のライフヒストリー――「実践」から「生活」の研究へ――』晃洋書房.）
Hargreaves, A., 1994, *Changing teachers, Changing Times,* Cassell.
羽田野慶子, 2004,「〈身体的な男性優位〉神話はなぜ維持されるのか――スポーツ実践とジェンダーの再生産――」『教育社会学研究』75：105-125.
早川操・藤原直子・松岡靖, 1998,「H.ジルーの批判的教授学理論におけるポストモダン・アイデンティティの形成に関する考察――ジェンダーとエスニシティとの関連から見たアイデンティティ形成を中心に――」『名古屋大学教育学部紀要（教育学)』45（1）：249-275.
日野玲子, 2005,「『ジェンダー・フリー』教育を再考する――担い手の立場から、ジェンダーに敏感な教育を考える」木村涼子編『ジェンダー・フリー・トラブル―バッシング現象を検証する』白澤社, 95-115.
平尾桂子, 2008,「人口変動とジェンダー・家族――女子教育の効用とその変化――」『教育社会学研究』82：89-107.
Houston, B., 1996, "Gender Freedom and the Subtleties of Sexist Education," Diller, A., Houston, B., Morgan, P. K., and Ayim, M., *The Gender Question in Education: Theory, Pedagogy, and Politics,* Westview Press, 50-63.
市川秀之, 2008,「クリティカル・ペダゴジーにおける教育者の役割――ヘンリー・ジルーの理論とそれに対する批判の検討を通して――」『日本デューイ学会紀要』49：77-86.
市川秀之, 2012a,「クリティカル・ペダゴジーにおける公共領域――ヘンリー・ジルーの論を参照に――」『日本デューイ学会紀要』53：63-72.
市川秀之, 2012b,「ヘンリー・ジルーのクリティカル・ペダゴジーにおける政治理論と教育理論のつながり――押しつけという批判に応答するために――」『教育哲学研究』105：69-87.
飯田貴子, 2004,「体力テストとジェンダー――文部省『スポーツテスト』を問う――」飯田貴子・井谷惠子・石井昭男編『スポーツ・ジェンダー学への招待』明石書店, 202-210.
今津孝次郎, 1996,『変動社会の教師教育』名古屋大学出版会.

今津孝次郎，2000，「学校の協働文化――日本と欧米の比較――」藤田英典・志水宏吉編『変動社会のなかの教育・知識・権力』新曜社，300-321.
伊佐夏実・知念渉，2014，「理系科目における学力と意欲のジェンダー差」『日本労働研究雑誌』56（7）：84-93.
石川由香里，2009，「子どもの教育に対する母親の地域移動効果――地域間ジェンダー格差との関わり――」『教育社会学研究』85：113-133.
亀田温子，2000，「教師のジェンダー・フリー学習――ジェンダー・フリーな学校づくりに向けて――」亀田温子・舘かおる編『学校をジェンダー・フリーに』明石書店，309-331.
亀田温子・河上婦志子・村松泰子・岸沢初美，1998，『教師教育におけるジェンダー・フリー学習の実態調査報告』東京女性財団自主研究助成報告.
苅谷剛彦，2005，『学校って何だろう――教育の社会学入門――』筑摩書房.
片田孫朝日，2014，『男子の権力』京都大学学術出版会.
加藤秀一，2017，『はじめてのジェンダー論』有斐閣.
加藤弘通・大久保智生・太田正義，2014，「問題行動における〈性差〉をどう解釈するか――生徒指導の作用構造の転換――」『心理科学』35（2）：1-7.
川合真由美，2000，「ある学校の現場から――国立市小学校の実践――」亀田温子・舘かおる編『学校をジェンダー・フリーに』明石書店，41-58.
河上婦志子，1990，「システム内在的差別と女性教員」『女性学研究』1：82-97.
河上婦志子，2000，「女性教員『問題』論の構図」亀田温子・舘かおる編『学校をジェンダー・フリーに』明石書店，265-285.
河上婦志子，2005，「『教育におけるジェンダー問題』の諸論文をめぐって」『神奈川大学心理・教育研究論集』24：5-20.
河野銀子，2004，「理科離れはほんとうか」村松泰子編『理科離れしているのは誰か――全国中学生調査のジェンダー分析――』日本評論社，13-36.
河野銀子，2009，「女子高校生の『文』『理』選択の実態と課題」『科学技術社会論研究』7：21-33.
河野銀子編，2017，『女性校長はなぜ増えないのか――管理職養成システム改革の課題――』勁草書房.
木村育恵，2014，『学校社会の中のジェンダー――教師たちのエスのメソドロジー――』東京学芸大学出版会.
木村松子，2014，「教材と教材解釈」河野銀子・藤田由美子編『教育社会とジェンダー』学文社，65-76.

木村涼子，1999，『学校文化とジェンダー』勁草書房.
木村涼子，2000，「フェミニズムと教育における公と私」『教育学研究』67（3）：34-42.
木村涼子，2005，『ジェンダー・フリー・トラブル――バッシング現象を検証する――』白澤社.
岸澤初美，2000，「男女平等教育の教材創出に向けて――横浜市の実践から――」亀田温子・館かおる編『学校をジェンダー・フリーに』明石書店，169-195.
国立女性教育会館，2018，『「学校教員のキャリアと生活に関する調査」報告書』.
国立教育政策研究所編，2019『教員環境の国際比較――学び続ける教員と校長――』ぎょうせい.
久冨善之，2008，「『改革』時代における教師の専門性とアイデンティティ――それらが置かれている今日的文脈と、民主的文脈への模索――」久冨善之編『教師の専門性とアイデンティティ――教育改革時代の国際比較調査と国際シンポジウムから――』勁草書房，15-29.
紅林伸幸，2007，「協働の同僚性としての《チーム》――学校臨床社会学から――」『教育学研究』74（2）：174-188.
Little, W.J., 1982, “Norms of Collegiality and Experementation: Workplace Conditions of School Success,” *American Educaional Research Journal*, 19（3）: 325-340.
松岡亮二，2019，『教育格差』筑摩書房.
松岡靖，2000，「アメリカの批判的教育理論によるP.フレイレの『対話のペダゴジー』の受容――H.ジルーの批判教授学を中心に――」『名古屋大学大学院発達科学研究紀要（教育科学）』47（2）：43-53.
三島浩路，2003，「親しい友人間にみられる小学生の『いじめ』に関する研究」『社会心理学研究』19（1）：41-50.
宮本乙女・波多野圭吾・松宮智生，2016，「教育とジェンダー」日本スポーツとジェンダー学会編『データでみる　スポーツとジェンダー』八千代出版，84-98.
宮崎あゆみ，1991，「学校における『性役割の社会化』再考――教師による性別カテゴリー使用をてがかりとして――」『教育社会学研究』48：105-123.
宮崎あゆみ，1993，「ジェンダー・サブカルチャーのダイナミクス――女子高におけるエスノグラフィーをもとに――」『教育社会学研究』52：157-177.

森永康子，2017，「『女性は数学が苦手』：——ステレオタイプの影響について考える——」『心理学評論』60（1）：49-61.

森永康子・坂田桐子・古川善也・福留広大，2017，「女子中高生の数学に対する意欲とステレオタイプ」『教育心理学研究』65：375-387.

森繁男，1989，「性役割の学習としつけ行為」柴野昌山編『しつけの社会学——社会化と社会統制——』世界思想社，155-169.

森山至貴，2017，『LGBTを読みとく』筑摩書房.

村松泰子・福元真由美・福富譲・大竹美登利・直井道子・中澤智恵・佐久間亜紀・谷部弘子・木村育恵，2006，「教員養成課程における教員と学生のジェンダー意識と教育観」『教員養成学研究』２：１-８.

永井聖二，1977，「日本の教員文化——教員の職業的社会化研究（Ⅰ）——」『教育社会学研究』32：93-103.

長野ひろ子・姫岡とし子編，2011，『歴史教育とジェンダー　教科書からサブカルチャーまで』青弓社.

内閣府，2020，『令和２年版男女共同参画白書』.

内藤和美，2003，「高等教育機関における女性学・ジェンダー論関連科目に関する調査（第10回——教員調査（科目調査）記述回答の整理から——」『国立女性教育会館研究紀要』７：93-108.

中西祐子，1993，「ジェンダー・トラック——性役割観に基づく進路分化メカニズムに関する考察——」『教育社会学研究』53：131-154.

中西祐子・堀健志，1997，「『ジェンダーと教育』研究の動向と課題——教育社会学・ジェンダー・フェミニズム」『教育社会学研究』61：77-100.

中澤智恵，2004，「学校は理科嫌いをつくっているか」村松泰子編『理科離れしているのは誰か——全国中学生調査のジェンダー分析——』日本評論社，86-96.

Newvery, L., 2009, “It's about time! Repetition, fantasy, and the contours of learning from feminist pedagogy classroom breakdown,” *Gender and Education,* 21（３）：247-257.

Nias, J., 1989, *Primary Teacher Talking: A Study of Teaching as Work,* Routledge.

日本女性学会ジェンダー研究会，2006，『Q&A男女共同参画／ジェンダーフリー・バッシングーバックラッシュへの徹底反論』明石書店.

野口道彦，1997，「反差別の学級集団づくりの位置」野口道彦・野口良子『新版反差別の学級集団づくり——荒れる子と荒れさせる状況と——』明石書店，41-72.

野崎与志子, 2000,「フェミニスト・ペダゴジー——解放の教育をめざすフェミニスト理論と実践——」亀田温子・館かおる編『学校をジェンダー・フリーに』明石書店, 197-214.

OECD, 2020, *Education at a Glarce.*

岡野八代, 2012,『フェミニズムの政治学——ケアの倫理をグローバル社会へ——』みすず書房.

隠岐さや香, 2018,『文系と理系はなぜ分かれたのか』星海社.

大阪府同和教育研究協議会「男女共生教育」プロジェクト編, 1998,『じぇんだぁ・ふりぃBOX』大阪府同和教育研究協議会.

大阪府人権教育研究協議会男女共生教育専門委員会, 2003,『「自分を生きる21」男女共生教育教材・実践集』大阪府人権教育研究協議会.

大竹美登利・岡明秀忠・木村涼子・鶴田敦子・寺町晋哉, 2012,「Ⅱ教師教育におけるジェンダー平等視点の実態」『日本教師教育学会第6期・第7期課題研究（2007〜2011年度課題研究）「教師教育におけるジェンダー視点の必要性」報告書』: 33-76.

大滝世津子, 2006,「集団における幼児の性自認メカニズムに関する実証的研究——幼稚園における集団経験と幼児の性自認時期との関係——」『教育社会学研究』79 : 105-125.

Sadker, D., Zittleman, K., Earley, P., Mccormick, T., Strawn, C. and Preston, J., 2007, "The Treatment of Gender Equity in Teacehr Education," Klein, Susan S. eds., *Handbook for Achieving Gender Equity through Education,* Lawrence Erlbaum Associates : 131-149.

酒井朗, 2002,「臨床教育学構想の批判的検討とエスノグラフィーの可能性」『教育学研究』69（3）: 2-12.

酒井朗, 2014,『教育臨床社会学の可能性』勁草書房.

佐久間亜紀・木村育恵・福元真由美・大竹美登利, 2004,「教員養成のヒドゥン・カリキュラム研究」『日本教師教育学会年報』13 : 94-104.

作野友美, 2008,「2歳児はジェンダーをどのように学ぶのか——保育園における性別カテゴリーによる集団統制に着目して——」『子ども社会研究』14 : 29-44.

笹谷晴美, 2000,「ジェンダーの視点を導入したスウェーデン教師教育」亀田温子・館かおる編『学校をジェンダー・フリーに』明石書店, 287-305.

佐藤和順・田中亨胤, 2002,「園生活におけるジェンダー形成の多重構造」『子ども社会研究』8 : 53-64.

佐藤学, 1997,『教師というアポリア——反省的実践へ——』世織書房.

澤田稔, 2008,「アメリカ合衆国における批判的教育研究の諸相（1）:ヘンリー・ジルーの教育論に関する批判的再検討（上）」『名古屋女子大学紀要』54：57-70.

Schön, D., 1983, *The Reflective Practioner: How Professionals Think in Action,* Basic Books.（＝2007, 柳沢晶一・三輪建二監訳『省察的実践とは何か――プロフェッショナルの行為と思考――』鳳書房.）

Seavey, C.A., Katz, P.A. and Zalk, S.R., 1975, "Baby X: The effect of gender labels on adult responses to infants," *Sex Roles,* 1（2）：103-109.

志水宏吉, 2011,「格差をこえる学校づくり」志水宏吉編『格差をこえる学校づくり――関西の挑戦――』大阪大学出版会, 7-25.

志水宏吉編, 2009,『「力のある学校」の探求』大阪大学出版会.

志水宏吉編, 2011,『格差をこえる学校づくり――関西の挑戦――』大阪大学出版会.

清水睦美, 2004,「学校現場における教育社会学者の臨床的役割の可能性を探る――ニューカマーを支援する学校文化変革の試みを手がかりとして――」『教育社会学研究』74：178-192.

白川俊之, 2011,「現代高校生の教育期待とジェンダー――高校タイプと教育段階の相互作用を中心に――」『教育社会学研究』89：49-69.

Shrewsbury, C. M., 1987, "What Is Feminist Pedagogy?", *Women's Studies Quarerly,*（15）3＆4（Fall/Winter）: 6-14.

舘かおる, 1999,「『ジェンダー・フリー教育』のコンセプト」藤田英典・黒崎勲・片桐芳雄・佐藤学『〈教育学年報7〉ジェンダーと教育』世織書房, 109-141.

舘かおる, 2000,「ジェンダー・フリーな教育のカリキュラム」亀田温子・舘かおる編『学校をジェンダー・フリーに』明石書店, 335-352.

多賀太, 2016,『男子問題の時代？――錯綜するジェンダーと教育のポリティクス――』学文社.

多賀太・天童睦子, 2013,「教育社会学におけるジェンダー研究の展開――フェミニズム・教育・ポストモダン――」『教育社会学研究』93：119-150.

高田一宏, 2011,「学力保障の展望」志水宏吉編『格差をこえる学校づくり――関西の挑戦――』大阪大学出版会, 265-282.

高野良子, 2006,『女性校長の登用とキャリアに関する研究――戦前期から1980年代までの公立小学校を対象として』風間書房.

高島裕美, 2014,「教員の職場における『ジェンダー・バイアス』」『現代社会学研究』27：37-54.

竹中克久，2013，『組織の理論社会学――コミュニケーション・社会・人間――』文眞堂.

垂水裕子，2017，「ジェンダーによる学力格差と教育アスピレーション格差」福岡教育大学『児童生徒や学校の社会経済的背景を分析するための調査の在り方に関する調査研究』：86-99.

寺町晋哉，2020，「教職を目指す学生の学校経験――友人関係，学級の経験、ジェンダー化された認識に着目して――」『宮崎公立大学人文学部紀要』27（1）：77-101.

東京女性財団，1995，『ジェンダー・フリーな教育のために――女性問題研修プログラム開発報告書――』.

東京女性財団，1996，『ジェンダー・フリーな教育のためにⅡ――女性問題研修プログラム開発報告書――』.

上地完治，1997，「ジルーの批判的教育学に関する一考察――『差異』と公共領域――」『教育哲学研究』75：47-59.

上地完治・小林大祐・澤田稔，2003，「ジルーの批判的教育学：その意義と問題点をめぐって（Colloquium 3）」『近代教育フォーラム』12：161-169.

上田智子，2003，「『ジェンダー・フリー』をいかに学ぶか？――相互行為としての授業――」天野正子・木村涼子編『ジェンダーで学ぶ教育』世界思想社，170-187.

上間陽子，2002，「現代女子高生のアイデンティティ形成」『教育学研究』69（3）：47-58.

氏原陽子，1996，「中学校における男女平等と性差別の錯綜――二つの『隠れたカリキュラム』レベルから――」『教育社会学研究』58：29-45.

氏原陽子，2003，「ジェンダー・フリーの知識とジェンダー化の経験の葛藤――生活世界の視点から――」『子ども社会研究』9：60-72.

臼井博，2001，『アメリカの学校文化　日本の学校文化――学びのコミュニティの創造――』金子書房.

上床弥生，2011，「中学校における生徒文化とジェンダー秩序――『ジェンダー・コード』に着目して――」『教育社会学研究』89：27-48.

Vavrus, M., 2009, “Sexuality, Schooling, and Teacher Identity Formation: A Critical Pedagogy for Teaher Edcucation,” *Teaching and Teacher Education*, 25：383-390.

Weiler, K., 1991, “Freire and a Feminist Pedagogy of Difference,” *Harvard Educational Review*, 61（4）：449-474.（＝2000，沓澤清美「パウロ・フレイレと『差異』のフェミニスト教育学」『日米女性ジャーナル』27：

103-132.）
山口智美・荻上チキ，2012，「『ジェンダーフリー』をめぐる対立」山口智美・斉藤正美・荻上チキ『社会運動の戸惑い――フェミニズムの「失われた時代」と草の根保守運動――』勁草書房，1-47.
山崎準二・矢野博之編，2014，『新・教職入門』学文社.
柳治男，2005，『〈学級〉の歴史学――自明視された空間を疑う――』講談社.
楊川，2018，『女性教員のキャリア形成――女性学校管理職はどうすれば増えるのか？――』晃洋書房.
矢野洋，1989，『部落解放教育と集団づくり――大阪の実践を中心として――』明治図書.
吉原惠子，1998，「異なる競争を生み出す入試システム――高校から大学への接続にみるジェンダー分化――」『教育社会学研究』62：43-67.
Ylöstalo, H. and Brunila, K., 2018, “Exploring the possibilities of gender equality pedagogy in an era of marketization,” *Gender and Education,* 30（7）: 917-933.
油布佐和子，2007，「教師集団の変容と組織化」油布佐和子編『転換期の教師』放送大学教育振興会，178-192.
Zittleman, K., and Sadker, D., 2002, “Gender Bias in Teacher Education Texts: new (and old) lessons,” *Jorunal of Teacher Education,* 53（2）: 168-180.

《著者紹介》

寺町晋哉（てらまち　しんや）

宮崎公立大学人文学部准教授

1983年　大阪府生まれ

大阪大学大学院人間科学研究科博士後期課程単位取得退学.

博士（人間科学）.

兵庫教育大学特命助教，大阪大学大学院人間科学研究科助教，宮崎公立大学人文学部助教を経て現職.

主要業績

「『ジェンダー教育実践』が生み出す葛藤と変容――教師へのインタビュー調査から――」（『教育学研究』第81巻第3号，2014年）

「ジェンダー問題に対する教育実践がもつ『協働』の可能性と限界」（『日本教師教育学会年報』第24号，2015年）

「『性別』で子どもの可能性を制限しないために」『現場で使える教育社会学：教職のための「教育格差」入門』（分担執筆，ミネルヴァ書房，2021年）

〈教師の人生〉と向き合うジェンダー教育実践

2021年8月20日　初版第1刷発行
2024年10月5日　初版第2刷発行

＊定価はカバーに表示してあります

著　者　寺町晋哉©
発行者　萩原淳平
印刷者　河野俊一郎

発行所　株式会社　晃洋書房

〒615-0026　京都市右京区西院北矢掛町7番地
電話　075(312)0788番(代)
振替口座　01040-6-32280

装丁　クリエイティブ・コンセプト　印刷・製本　西濃印刷㈱

ISBN 978-4-7710-3516-4